面向"十三五"高等职业教育精品规划教材·汽车类

汽车使用与维护

主　编　夏英慧　初宏伟
副主编　李东兵　徐广琳　王慧怡
　　　　靳光盈　王文强

北京理工大学出版社
BEIJING INSTITUTE OF TECHNOLOGY PRESS

内容简介

为了满足日益严格的环保法规要求和驾驶员对智能化、人性化的要求，汽车技术在不断更新，为此我们编写的内容也会有所更新，以满足广大读者的要求。本书简单介绍汽车各部分组成，主要以汽车使用和维护内容为主，其中每部分也有使用的小技巧。

本书包括：汽车维修安全常识、汽车整体认识（包括汽车性能）、发动机的使用与保养（燃料油、润滑油的选用）、传动系统的使用与维护（齿轮油的选用与更换、自动变速器的使用注意事项）、汽车转向系统和制动系统的使用与维护（制动液的选用）、汽车轮胎的正确使用与保养、车身及辅助系统的使用与维护（安全带、安全气囊的使用，空调使用，仪表、灯光的正确使用及驾驶员辅助系统的使用）、汽车在特殊条件下的使用等内容。

版权专有　侵权必究

图书在版编目（CIP）数据

汽车使用与维护／夏英慧，初宏伟主编 .—北京：北京理工大学出版社，2019.1 重印

ISBN 978-7-5682-3021-6

Ⅰ.①汽… Ⅱ.①夏…②初… Ⅲ.①汽车-使用方法-基本知识②汽车-车辆修理-基本知识 Ⅳ.①U472

中国版本图书馆 CIP 数据核字（2016）第 199897 号

出版发行／	北京理工大学出版社有限责任公司
社　　址／	北京市海淀区中关村南大街 5 号
邮　　编／	100081
电　　话／	(010) 68914775（总编室）
	(010) 82562903（教材售后服务热线）
	(010) 68948351（其他图书服务热线）
网　　址／	http://www.bitpress.com.cn
经　　销／	全国各地新华书店
印　　刷／	涿州市新华印刷有限公司
开　　本／	787 毫米×1092 毫米　1/16
印　　张／	11
字　　数／	258 千字
版　　次／	2019 年 1 月第 1 版第 3 次印刷
定　　价／	33.00 元

责任编辑／王晓莉
文案编辑／张鑫星
责任校对／周瑞红
责任印制／李　洋

图书出现印装质量问题，请拨打售后服务热线，本社负责调换

前言

为了满足日益严格的环保法规要求以及驾驶员对车辆智能化、人性化的要求，新技术在车上的应用越来越普及，为此我们编写了本教材。

一、课程说明

本门课程在第一学期开课，我们通过课堂讲解和实验教学，使学生熟悉汽车，并系统地了解汽车的基本结构及简单的工作原理，能正确操纵汽车。通过本课程的学习，学生能提高学习兴趣，为后续专业课的学习打下良好的专业基础，并且通过做中学、学中做的教学模式，培养学生的自学能力，为将来的再学习奠定一定的基础。

二、课程设计思路

（一）学习内容安排思路

本课程是把原来的《汽车文化》和后续的《汽车性能与使用技术》整合，结合第一学期进行的维护周教学，又在课程中加上了对汽车的操作和维护内容，使学生掌握现代汽车基本结构、简单工作原理、正确操纵汽车的操作技能，在不同条件下的正确使用技能，特别是培养和锻炼学生的应用能力，能够查找相关技术资料的能力。

（二）教学方法和手段的设计思路

1. 采用任务驱动方式，并且循序渐进

任务驱动的体现形式就是任务单贯穿所有学习内容，包括预习任务单、学习任务单（详见汽车使用与维护考核教程），任务给学生以动力，又能让学生产生实现任务的成就感。

任务驱动的目标是提高学生兴趣，为后续课的学习方法、学习内容打下良好的基础。

2. 结合实际，能真正实施

大班上课40人，教室和实训室不必在一起，以50 min为基本时间单位。

3. 以能力培养为目标

教学过程中以学生为主体，以教师为引导。教师提供教学环境，包括设备、仪器。教师通过课前预习题，引导学生具备自学能力、主动思考能力。

4. 学习过程中以学生为主导

培养学生养成自主学习、终生学习的习惯。

5. 培养团队协作精神

本课程是学生接触的第一门专业基础课，为了后续专业课的学习效果，也是为了将来的工作打基础。除了专业知识的学习，本课程主要培养团队协作精神，要求小组成员能够做到：互相尊重、互相支持、共享信息、允许批评、有矛盾共同讨论并解决。

在班级组建学习小组，每个小组4～5人，小组成员分工协作，共同完成每个模块中的学习任务。

三、编写团队

本书由夏英慧和初宏伟担任主编，参编的其他主要人员及分工：李东兵编写模块一，徐广琳编写模块二，夏英慧、王文强编写模块三、模块八，王慧怡编写模块四，靳光盈编写模块五、模块六，初宏伟编写模块七。由于时间仓促，水平有限，书中难免有不足之处，敬请广大读者批评指正。

编　者

目录 CONTENTS

模块一 汽车维修安全常识 …………………………………………… 001
  1.1 安全防护 ……………………………………………………… 001
    1.1.1 个人安全准则 ……………………………………………… 001
    1.1.2 常见人身安全事故 ………………………………………… 002
    1.1.3 着装要求 …………………………………………………… 002
    1.1.4 物品搬运 …………………………………………………… 006
    1.1.5 环境安全 …………………………………………………… 007
    1.1.6 工作姿势 …………………………………………………… 008
  1.2 工具设备的安全使用 ………………………………………… 009
    1.2.1 举升设备的安全使用 ……………………………………… 009
    1.2.2 气动扳手的安全使用 ……………………………………… 011
  1.3 车辆的安全操作 ……………………………………………… 012
  1.4 车间安全防火 ………………………………………………… 014
    1.4.1 消防常识 …………………………………………………… 014
    1.4.2 必要的防火措施 …………………………………………… 014
    1.4.3 易燃、易爆物品的管理 …………………………………… 014
    1.4.4 其他注意事项 ……………………………………………… 015
    1.4.5 灭火器 ……………………………………………………… 015
    1.4.6 消防安全标志 ……………………………………………… 015
  1.5 车间安全用电 ………………………………………………… 017
    1.5.1 电气设备安全措施 ………………………………………… 017
    1.5.2 电气设备安全注意事项 …………………………………… 017

模块二 汽车整体认识 ……………………………………………… 018
  2.1 汽车基本组成和布置形式 …………………………………… 018
    2.1.1 汽车的基本组成 …………………………………………… 018
    2.1.2 汽车的布置形式 …………………………………………… 020
  2.2 汽车的VIN码 ………………………………………………… 022
  2.3 汽车行驶基本理论 …………………………………………… 023

2.3.1　汽车行驶的作用力 ··· 023
2.3.2　汽车行驶的原理 ··· 025
2.3.3　汽车行驶的驱动——附着条件 ································· 025
2.4　汽车基本性能 ··· 026
2.4.1　汽车的动力性 ··· 026
2.4.2　汽车的燃油经济性 ·· 026
2.4.3　汽车的制动性 ··· 027
2.4.4　汽车的操纵性和稳定性 ··· 029
2.4.5　汽车的行驶平顺性 ·· 029
2.4.6　汽车的通过性 ··· 030
2.4.7　汽车的排放污染和噪声污染 ···································· 031
2.4.8　其他使用性能 ··· 032

模块三　发动机的使用与保养 ································· 033

3.1　发动机的基本结构与工作原理 ·· 033
3.1.1　四行程往复活塞式发动机的基本术语 ····················· 033
3.1.2　四行程发动机的工作原理 ·· 034
3.1.3　发动机的基本结构 ·· 036

3.2　发动机的使用与维护 ··· 037
3.2.1　燃料的正确选用 ·· 037
3.2.2　发动机润滑油的选用、检查与更换 ························· 042
3.2.3　发动机冷却液的选用、检查与更换 ························· 045
3.2.4　发动机的维护 ··· 046

模块四　传动系统的使用与维护 ································ 050

4.1　离合器的使用与维护 ··· 050
4.1.1　离合器 ·· 050
4.1.2　离合器的工作原理 ·· 052
4.1.3　离合器的正确使用与检查 ·· 052
4.1.4　离合器的日常维护 ·· 053

4.2　手动变速器的使用与维护 ·· 053
4.2.1　手动变速器 ··· 053
4.2.2　手动变速器的正确使用及齿轮油的选用 ·················· 056

4.3　自动变速器的使用与维护 ·· 059
4.3.1　自动变速器的结构与工作原理 ································· 059
4.3.2　自动变速器的正确使用与检查 ································· 062

模块五　汽车转向系统和制动系统的使用与维护 ········ 065

5.1　汽车转向系统的使用与维护 ·· 065
5.1.1　转向机构的组成及工作过程 ···································· 065
5.1.2　转向机构的正确使用及检查 ···································· 068
5.1.3　助力转向油的选用与更换 ·· 071

5.1.4 汽车转向系统的新技术 …………………………………… 072
　5.2 制动系统的使用与维护 …………………………………………… 074
　　5.2.1 制动装置的组成及工作过程 ………………………………… 074
　　5.2.2 制动装置的正确使用及检查 ………………………………… 075
　　5.2.3 汽车制动系统的电控技术 …………………………………… 078

模块六　汽车轮胎的正确使用与保养 ……………………………………… 080
　6.1 轮胎的功用及分类 ………………………………………………… 080
　6.2 轮胎的主要尺寸及速度等级 ……………………………………… 081
　6.3 轮胎的选用 ………………………………………………………… 083
　6.4 轮胎的维护及正确使用 …………………………………………… 083
　6.5 新型轮胎 …………………………………………………………… 087
　6.6 胎压检测装置 ……………………………………………………… 088

模块七　车身及辅助系统的使用与维护 …………………………………… 090
　7.1 车身壳体、车门、车窗及其附件的结构与使用 ………………… 091
　　7.1.1 车身壳体、车门、车窗及其附件结构 ……………………… 091
　　7.1.2 车门、行李厢的使用与检查 ………………………………… 095
　　7.1.3 安全防护装置的检查 ………………………………………… 102
　7.2 组合仪表的使用及检查 …………………………………………… 112
　　7.2.1 组合仪表的使用 ……………………………………………… 112
　　7.2.2 警告信号及指示装置的使用 ………………………………… 116
　7.3 灯光的正确使用及检查 …………………………………………… 119
　　7.3.1 灯光开关的正确使用 ………………………………………… 120
　　7.3.2 灯光的检查 …………………………………………………… 124
　7.4 空调系统的使用与维护 …………………………………………… 124
　　7.4.1 空调系统的结构及工作原理 ………………………………… 125
　　7.4.2 空调系统的正确使用 ………………………………………… 126
　7.5 驾驶员辅助系统 …………………………………………………… 132
　7.6 其他辅助系统的正确使用与维护 ………………………………… 135
　　7.6.1 后视镜的正确使用 …………………………………………… 135
　　7.6.2 电动车窗的正确使用 ………………………………………… 138
　　7.6.3 风窗洗涤装置的正确使用及检查 …………………………… 141
　　7.6.4 座椅的正确使用及检查 ……………………………………… 146

模块八　汽车在特殊条件下的使用 ………………………………………… 151
　8.1 汽车的运行条件及正确使用 ……………………………………… 151
　　8.1.1 汽车的运行条件 ……………………………………………… 151
　　8.1.2 一般运行条件下的正确使用 ………………………………… 152
　8.2 走合期的正确使用 ………………………………………………… 154
　　8.2.1 走合期的特点 ………………………………………………… 154
　　8.2.2 走合期的正确使用 …………………………………………… 154

8.3 高温条件下的正确使用 …………………………………………………… 155
　　8.3.1 高温对汽车性能的影响 ……………………………………………… 155
　　8.3.2 高温行车技术措施 …………………………………………………… 155
8.4 低温条件下的正确使用 …………………………………………………… 156
　　8.4.1 低温及冰雪条件下的特点 …………………………………………… 156
　　8.4.2 低温行车技术措施 …………………………………………………… 157
8.5 雨天及潮湿条件下的正确使用 …………………………………………… 159
　　8.5.1 雨天及潮湿条件下对汽车性能的影响 ……………………………… 159
　　8.5.2 雨天及潮湿条件下的正确使用 ……………………………………… 159
8.6 高原和山区条件下的正确使用 …………………………………………… 161
　　8.6.1 高原和山区条件下对汽车性能的影响 ……………………………… 161
　　8.6.2 高原和山区条件下的正确使用 ……………………………………… 161

附录一　捷达常规保养项目 ………………………………………………… 163

附录二　迈腾常规保养项目 ………………………………………………… 165

参考文献 …………………………………………………………………………… 167

模块一

汽车维修安全常识

知识点：

（1）掌握人身安全防护常识。
（2）掌握如何安全使用工具设备。
（3）掌握如何安全操作车辆。
（4）掌握如何安全防火。
（5）掌握如何安全用电。

技能点：

（1）掌握车辆的安全操作事项。
（2）掌握举升机的安全操作事项。
（3）学会灭火器的使用。

我国的安全生产方针是"安全第一、预防为主"。安全生产是安全和生产的统一，安全是生产的前提条件，没有安全就无法生产。在进行生产经营活动时，时刻把安全生产放在首要位置，当安全和生产发生矛盾时，必须先解决安全问题再进行生产。预防为主就是防患于未然，把可能导致事故发生的一切危险因素，消除在事故发生之前。汽车维修车间是学徒和技师的工作环境，必须熟悉车间中的各种潜在危险和安全问题，并养成良好的安全工作意识和习惯，才能确保人身、车辆和工作环境的安全。

1.1 安全防护

1.1.1 个人安全准则

掌握各项安全信息，有效识别危险源。

使用设备前一定要认真阅读说明书或接受相关培训，有特殊安全规定的设备，需要考取操作资格证后才能操作。

佩戴个人防护用品，包括头罩、安全眼镜、防尘面具、工作服等。

禁止在工作场所嬉戏打闹。

按照操作规范正确使用工具。

物品摆放整齐，并保持干净整洁。

在维修车间严禁吸烟，更不能在顾客的车内吸烟，烟头或打火机的火花可能会点燃工作场所的易燃材料。

在车间工作时禁止饮酒或服药，坚决杜绝有害物质滥用。即使微量酒精或药物也会影响反应时间，在遇到紧急情况时，较慢的反应时间会造成人身伤害。

1.1.2 常见人身安全事故

1. 烫伤

皮肤触碰到热的发动机、排气管、热机状态下放出的机油、打开水箱盖喷出的防冻液都可能造成严重的烫伤。

为了防止烫伤，在维修车辆时，尽量做到以下几点：

（1）避免触碰排气管等热的部件。

（2）避免在热机状态下打开水箱盖，如果因操作必须打开水箱盖，先垫一块抹布，然后将水箱盖拧开45°，待压力降低后再彻底旋下水箱盖。

（3）放机油时不要戴手套，以防严重烫伤，拧下放油螺塞时，一定避开油流，防止溅到手上、脸上和身上。

一旦手被烫伤，迅速将手插入冷水中降温，然后马上就医。

2. 碰伤

高速旋转的风扇，下降的举升机，使用撬棍、锤子等工具时均容易被碰伤，一定要倍加小心。

3. 冻伤

不论什么季节，制冷剂溅到眼睛或皮肤上都会引起严重的冻伤，所以在加注制冷剂时一定要做好防护工作，戴好防护手套和眼镜，尽量使用专用的机器进行充注，保护好眼睛和皮肤。

4. 灼伤

蓄电池中的硫酸、制动系统中的制动液、变速箱中的齿轮油等都有很强的腐蚀性，要避免与眼睛、皮肤接触。

5. 电伤

（1）车间内用电器的工作电压一般为220 V/380 V，而人体的安全电压在36 V以内，所以使用电气设备时要小心谨慎，以防触电。

（2）氙灯的工作电压可达到上万伏，接触时有致命危险，维修时必须参照相关维修说明。

1.1.3 着装要求

汽车维修人员在工作环境必须穿工装，且工装必须结实、合身，以便于工作。为防止事故发生并保护车辆免受损伤，着装必须满足以下要求（图1-1、图1-2）。

戴工作帽，以保护头部，同时避免头发脱落污染工作环境。长发要系于脑后并置于工作帽内部，防止被卷入到发动机皮带、散热器风扇等运转机件中。工作帽如图1-3所示。

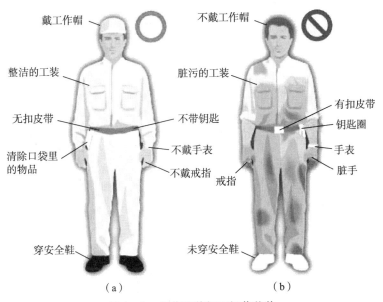

图 1-1 规范着装与不规范着装

(a) 规范着装；(b) 不规范着装

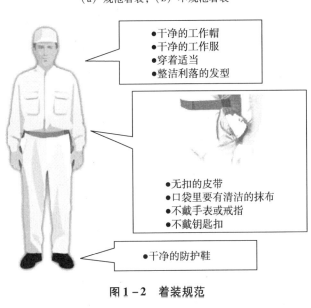

图 1-2 着装规范

图 1-3 工作帽

工装必须保持整洁干净，避免脏污，既树立良好职业形象，又防止进入客户车辆时弄脏座椅及内饰，同时工装应该有防护功能，使皮肤免受伤害。图 1-4（a）所示为丰田品牌 4S 店的机电维修车间工装，图 1-4（b）所示为涂装车间的工装（防护服）。

图1-4 汽车维修工装

(a) 机电维修车间工装；(b) 涂装车间工装

工装要合身，松紧适度，如图1-5所示。切勿穿着肥大或瘦小的衣服，肥大的衣服容易被卷入旋转部件中，瘦小的衣服穿在身上不舒服，还会导致动作不顺畅。衣服扣子最好是隐藏式的，否则容易刮伤车辆油漆表面。

图1-5 合身的工装

不要佩戴领带、围巾、项链，由于这些物件容易卷入到正在运转的发动机零件中，而且项链还容易划伤车漆。

不要戴手表、珠宝首饰。汽车维修作业时，当手表和珠宝首饰将正极与负极接通时，会造成短路，严重烧坏电路，手表和首饰也可能会刮伤车漆。

保持手部清洁干净，必要时要根据需要佩戴不同类型的手套。提升重的物体、处理锋利的材料或拆卸热的排气管或类似的物体时，建议戴上手套。使用正确类型的手套可防止被割伤或烫伤。然而，对于普通的维护工作戴手套并非是必须的要求。根据你要做的工作类型来决定你是否必须戴手套。图1-6（a）所示为线手套，其用途最广，但焊接时或接触较高温物件时需佩戴如图1-6（b）所示的牛皮焊接手套，涂装操作时为了防止溶剂伤害皮肤，需佩戴橡胶防溶剂手套，如图1-6（c）所示。

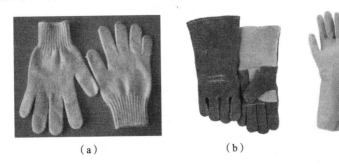

图1-6　各种类型的手套
(a) 线手套；(b) 牛皮焊接手套；(c) 橡胶防溶剂手套

不要佩戴有金属扣的皮带，工装的衣服口袋内不要装硬物，以免划伤车漆。

必须穿防滑底的工作鞋，如图1-7所示，禁止穿拖鞋、凉鞋和高跟鞋等。在有重物落下或有腐蚀性液体及热的防冻液时工作鞋能够使脚得到保护，不致受伤。穿着凉鞋或运动鞋危险，易摔倒并因此降低工作效率，它们还可能使穿戴者因为偶然掉落的物体而受到伤害。

图1-7　工作鞋

当工作在有很多灰尘的环境时，要戴呼吸器以保护肺，例如喷漆、打磨制动摩擦片或离合器从动盘等带有含石棉物质的摩擦表面。禁止对这些组件进行磨光、用砂纸处理或用压缩空气进行清理。人体不能吸入石棉纤维和石棉粉尘，由于人体可能会因吸入石棉物质产生例如石棉沉着症或癌症之类的严重疾病，导致死亡。常用的呼吸系统防护面具如图1-8所示。

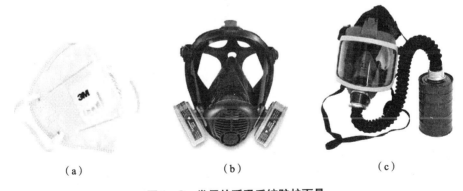

图1-8　常用的呼吸系统防护面具
(a) 口罩；(b) 过滤式呼吸器；(c) 供氧式呼吸器

汽车钣金工和油漆工的作业防护：注意对眼睛、耳朵和呼吸系统的防护。眼睛的防护一般用护目镜，如图1-9（a）所示；耳朵的防护一般用耳罩，如图1-9（b）所示。电焊时一定要戴相应的焊接专用面罩来防止电光性眼炎，如图1-9（c）所示。喷漆和磨漆等要戴防护面具防止尘肺病等，如图1-8所示。在车间高强度噪声的环境下工作时应带耳罩，防止对耳朵的伤害。

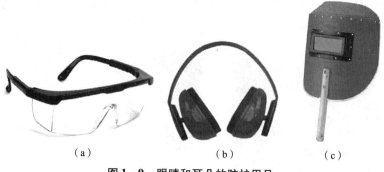

图 1-9 眼睛和耳朵的防护用品

(a) 护目镜；(b) 耳罩；(c) 焊接专用面罩

1.1.4 物品搬运

从地面或工作台上搬运物体是再平常不过的事了。搬抬物体时使用正确的方法有助于减小背部受伤的危险。不要试图抬过重的物体，20 kg 通常是一个人的安全极限。从地面抬起物体时，两脚应微微分开，屈膝、背部挺直，用腿部肌肉提供力量抬起重物，搬运起始姿势如图 1-10 所示，正确的搬运过程如图 1-11 所示。搬运重物时，让重物贴近身体，不要猛颠物体。搬运 20 kg 以下物体时，应让物体贴近身体、背部挺直、膝盖弯曲。

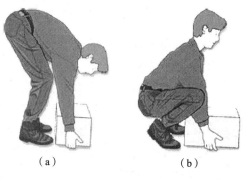

图 1-10 搬运起始姿势

(a) 错误；(b) 正确

目测重物的尺寸和重量，了解形状、边角尖锐；观察工作区域作业环境

向前一步走（一般是双脚分开，以便保持身体平稳）

屈膝或蹲下，腰部保持垂直

抓住货物上的牢固把手，保持手清洁、干燥；确保货物紧靠你的身体

升高货物主要用腿部力量，而不是背部肌肉，要平稳而缓慢地加速升高，避免猛然一动（腰部保持挺直）

转动双脚，不要扭曲躯干

图 1-11 正确的搬运过程

如果遇到不确定是否能自行处理的大件物品，应找别人帮忙，或者遇到高密度或不平衡的小型紧凑部件时，搬运前要考虑好如何操作。搬运任何物品，都要遵循以下步骤：

（1）搬运之前，确认搬运路上没有碍事的零件或工具。

（2）使脚紧靠搬运物，站稳脚位，这样你才能保持较好的平衡。

（3）尽量保持肘部和背部挺直，弯曲膝盖直到你的手能够到搬运物并有一个最佳紧握位置。

（4）如果搬运物件放在橱柜里，确保橱柜是完好的，旧的、潮湿的以及密封不好的橱柜很容易破裂使物件从中掉落。

（5）抓稳搬运物，搬运时不要尝试改变紧握姿势。

（6）使物体紧靠身体并站直来搬运重物，要使用腿部肌肉，而不是背部肌肉。

（7）搬运途中，如果你必须改变前进方向，要转动整个身体，包括脚部。

（8）把重物放到架子或柜子上时，不要往前倾，要把重物的边缘先放到架子上，然后往前推，防止挤到手指。

（9）要放下重物时，弯曲膝盖且保持背部挺直，不要往前倾，这样会使背部肌肉受压。

（10）为防止手指受伤，把重物放到地板上时应先在地板上放上木块。

1.1.5　环境安全

许多工伤事故都是由场地杂乱无章引起的。在凌乱的工作场所，常常会发生因绊倒、跌倒或滑倒而导致受伤的事故。

1. 基本要求

（1）始终要使你的工作场地保持干净整洁，以保护你自己和其他人免受伤害。地面有机油、油脂、冷却液、水等容易造成地面光滑，稍有不慎，很容易摔倒，水迹易造成导电事故。及时清理干净任何飞溅的燃油、机油或润滑脂，防止自己或者他人滑倒。

（2）车间内、地面上保持清洁，物品摆放有序，通道、过道废物乱扔，摆放无序容易造成磕绊和摔伤，如图1-12所示，影响操作安全。物品要及时清理，不需要的物品要及时处理，必须要保留并存放在工作场地的物品要摆放整齐、合理、有序，做好定置定位并一直保持下去。不要把工具或零件留在你或者其他人有可能踩到的地方。将其放置在工作架或工作台上，并养成好习惯。

图1-12　潜伏安全隐患的地面

2. 5S 管理

1955 年，日本"安全始于整理，终于整顿"，只推行了前两个 S，其目的仅为了确保作业空间和安全。后因生产和品质控制的需要而又逐步提出了后三个 S，也就是清扫、清洁、修养，从而使应用空间及适用范围进一步拓展。到了 1986 年，掀起了 5S 的热潮，具体含义见表 1-1。

表 1-1 5S 的含义

中文	日文发音	英文	典型例子
整理	SEIRI	Organization	倒掉垃圾、长期不用的东西放仓库
整顿	SEITON	Neatness	30 s 内就可找到要找的东西
清扫	SEISO	Cleaning	谁使用，谁负责清洁（管理）
清洁	SEIKETSU	Stangardisation	管理的公开化、透明化
素养	SHITSUKE	Discipline and training	严守标准、团队精神

5S 的通俗简明解释及要求：

（1）整理：判断物品是否有用，留下有用的，抛弃没用的。整理要彻底，无关的物件坚决给予撤离。

（2）整顿：将留下的有用物品进行定置定位分类存放。整顿要细致，分门别类做好恰当的定置摆放，所有标志标识正确、整齐、清晰、完整、醒目，30 s 内能取出任何需要的物件。

（3）清扫：责任详细分解落实到每一个人，以便做到持久坚持如一。摆放、储存透明明朗化，随时可以信息共享。每天坚持，形成安全意识并养成良好习惯。

（4）清洁：车间环境要做到清洁卫生，摆放的物品要清洁，工作人员自身也要清洁。

（5）素养：要求工作人员养成严格遵守规章制度的习惯和作风，有更高的合作奉献精神和职业道德。

3. 走安全通道

从一个工作地点转移到另外一个工作地点时，一定要走指定的安全通道，不要横穿工位。横穿通道时要注意指示标记确认，确保无车辆通过方可穿过横穿通道。

4. 整洁车间的特征

（1）地面清洁不湿滑。

（2）火警应急出口畅通。

（3）器具存取通道无障碍。

（4）工具存放安全方便。

（5）电气和压缩空气等动力输出源标记清楚、明显并定期检查。

（6）工作场所灯光明亮。

（7）空气新鲜，工作环境舒适。

固定设备或装置得到定期维护并处于安全状态。

1.1.6 工作姿势

工作时不要采取不舒服的姿势，这不仅会影响你的工作效率，而且有可能会使你跌倒和受伤。工作过程中要尽量保持身体自然直立的姿势，背部要挺直，两脚微微分开，整个脚掌着地，这样不容易疲劳。不能用脚尖着地，膝盖尽量不要长时间处于弯曲状态。但无论你的工作姿势多么好，保持同样的姿势时间过长都是不利于身体健康的，所以要注意每隔一段时间调整变换姿势。

1.2 工具设备的安全使用

1.2.1 举升设备的安全使用

车辆举升方式有两种，用千斤顶举升、用举升机举升。无论采用哪一种举升方式，均不得将发动机油底壳、变速箱及前后桥作为举升点举升汽车，否则可能严重损坏汽车。

1. 千斤顶的正确使用

千斤顶是一种最简单的举升设备，分机械式和液压式两种。机械式千斤顶如图 1-13 所示，主要作为随车工具，在途中更换轮胎使用。

图 1-13 机械式千斤顶

液压式千斤顶在小型汽修企业应用较多，主要用来举升车辆。液压式千斤顶又分为立式和卧式两种，如图 1-14 所示。

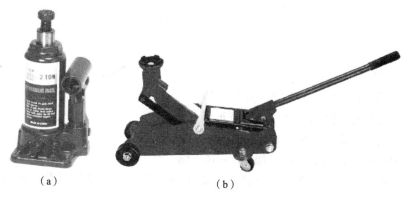

（a）　　　　　　　　　（b）

图 1-14 液压式千斤顶
（a）立式千斤顶；（b）卧式千斤顶

千斤顶使用的安全注意事项：

（1）使用液压式千斤顶必须根据所举升车辆的质量选择千斤顶，千斤顶的额定举升能力有 1 t、2 t、3 t 等。不能用小吨位的千斤顶去举升高于千斤顶举升能力的汽车，这是相当危险的事。一般用千斤顶只能局部举升汽车。

（2）千斤顶上部顶块必须顶在车架或汽车厂家指定的位置，否则易造成对汽车的损坏；在只是千斤顶顶起的汽车下，切不能进入汽车下方，车里也不能有人；如要进入汽车下方作业，必须要使用安全支架，安全支架也必须安装到指定的支撑点；必须使用有足够承载能力的安全支架，以确保安全。

（3）用千斤顶进行底盘作业时，必须选择平坦、坚实场地并用角木将前后轮塞稳，然后用安全支架或千斤顶按车型规定支撑点将车辆支撑稳固。在松软地面上举升汽车时，汽车可能滑离千斤顶，千斤顶必须置于平整坚实的地面上。必要时可在千斤顶底座下垫一块大而坚实的垫板或类似支撑物；如在瓷砖等坚硬光滑的地面上举升汽车，则应在千斤顶底座下垫一块橡胶垫或类似软垫，防止千斤顶滑移。严禁单纯用千斤顶顶起车辆在车底作业。切勿将汽车支撑在石灰砂块、多孔的石块或类似的物件上，这些石块可能会在汽车的重压下破碎断裂。

（4）某些千斤顶是带轮的，当把车辆从千斤顶上降到千斤顶座上时，汽车和千斤顶会有移动的趋势，确保在这个过程中，千斤顶座始终位于底盘下且保证千斤顶座不倾斜，所有的千斤顶座的支腿都要和地面保持接触。

2. 举升机的正确使用

举升机是指汽车维修车间用于举升汽车的汽保设备。常见的有双柱、四柱、剪式 3 种，剪式举升机又分为大型剪式举升机和小型剪式举升机。各种常见类型的举升机如图 1-15 所示。

（a）　　　　　（b）　　　　　（c）　　　　　（d）

图 1-15　各种常见类型的举升机

（a）双柱举升机；（b）四柱举升机；（c）小型剪式举升机（小剪）；（d）大型剪式举升机（大剪）

举升机使用安全注意事项：

（1）非使用人员未经允许不得操作举升机。

（2）举升的车辆不得超过该产品的额定举升重量。

（3）使用前应清除举升机附近妨碍作业的器具及杂物。

（4）使用时务必对正举升点，如图 1-16 所示。

（5）为避免损害汽车底部，举升汽车前必须在举升托盘上垫橡胶垫，但必须确保举升臂可自由回转。

（6）举升车辆时，调整支角胶垫高度使其接触车辆底盘支撑部位（调整移动对正该车

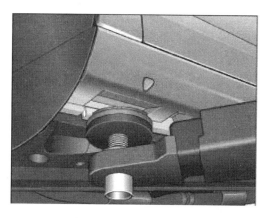

图1-16 汽车举升点

型规定的举升点),再分别转动四只橡胶托盘,使四只托盘距车身位置相等,再按上升按钮,当车离地面 10 cm 左右时,应检查托盘位置,并晃动一下车辆,检查是否安全,确信安全后,方可继续工作,特别是雨雪天气更应注意。

(7) 举升时人员应离开车辆,禁止车内或车下有人,并确保安全可靠才可开始到车底作业。

(8) 支车时举升要稳,降落要慢;在举升和降下举升机前要先进行安全检查,并向其他人发出举升机即将起动的信号,即操作人员在大声喊出"举升"或"下降"后稍作停顿,确保安全的情况下再按下操作按钮。一旦轮胎稍离地,立即要检查车辆支撑是否合适。

(9) 支车时,车辆不可支得过高,注意开启的行李厢或机舱盖是否与建筑物干涉。

(10) 把车辆升到所需高度后,将车辆降低至其机械保险装置位置。在车底工作前,确保举升机的保险锁装置是正常工作的,降下举升机前要按照操作程序打开保险锁装置。

(11) 车辆下面一定不要有工具箱、案台或其他设备。

(12) 发现操作机构不灵,电动机不同步,托架不平或液压部分漏油,应及时报修,不得带病操作。

(13) 在一些车上,总成的拆卸(例如发动机变速器总成的整体拆装),会造成车辆重心的改变,这可能导致车辆在举升机上不稳,要参看车辆维修手册推荐的程序以避免这种情况发生。

(14) 举升机不得频繁起落。

(15) 作业完毕应清除杂物,打扫举升机周围以保持场地整洁。

举升机要定期维护并做好记录。

1.2.2 气动扳手的安全使用

气动扳手是常用的快速螺栓、螺母拆装工具,以压缩空气为动力,如图1-17所示。

气动扳手安全使用注意事项:

(1) 必须在正确的气压下使用。正确值:

图1-17 气动扳手

686 kPa。

（2）定期检查气动扳手并用专用油脂润滑和防锈。

（3）如果用气动扳手从螺栓上完全取下螺母，则旋转力可使螺母飞出。

（4）需要先用手将螺母对准螺钉或将螺栓对准螺纹孔，用手旋入 2 圈后再用气动扳手拧紧。如果一开始就打开气动扳手，则螺纹会被损坏。注意不要拧得过紧，尽量使用较小的力矩拧紧。

（5）最后，必须使用扭矩扳手检查紧固扭矩。

（6）使用气动扳手时不能戴手套，以免手套卷入到旋转部件中。

1.3 车辆的安全操作

1. 车辆安全操作常识

（1）在汽车修理企业员工必须要得到授权才允许移动汽车，没有得到授权的员工是绝对不允许移动车辆的。

（2）移动车辆过程中安全第一，必须遵守交通法规、安全操作规程。起动车辆前必须检查车辆的性能特别是制动能力，发动机能够允许起动、车下无人作业、车下无工具零件等事项。

（3）车辆在运行过程中要注意周围的人员、障碍物；行进缓速，场内车速不超过 8 km/h（试车除外），车间内车速不超过 4 km/h。

（4）不能在规定的禁止试制动的区域试刹车。

2. 车辆的安全停放

（1）车辆要停在水平的地面上，按要求停在规定的位置。

（2）车辆停稳后必须要拉紧驻车制动并在四个车轮正确放置车轮挡块，前轮挡块放置于轮胎前，后轮挡块放置于轮胎后，挡块与地面和轮胎均紧密接触。常见的车轮挡块如图 1-18 所示。

图 1-18 常见的车轮挡块

3. 车辆的安全起动

1）在实训场地起动车辆

在实训过程中,有时不可避免要起动车辆,在实训场所起动车辆的安全隐患非常大,起动车辆时必须做到以下几点:

(1) 经过老师允许,并且老师在一旁指导。
(2) 确保四个车轮的挡块均已挡死。
(3) 确保尾气抽排管已连接排气管。
(4) 确保车辆机油、防冻液、制动液在规定的液位上。
(5) 确保驻车制动处于制动状态。
(6) 如果是手动变速器,确保换挡杆处于空挡位置。
(7) 如果是自动变速器,确保换挡杆处于P挡或N挡位置。
(8) 确保已将制动踏板踩到底。

2) 在维修过程中起动车辆

(1) 需要起动发动机,在起动前必须先确认能够被起动(发动机线路连接正确、完全,发动机已经加注了油、水),车下无人操作。
(2) 车轮应用挡块挡住,拉紧手制动,手动变速器挂在空挡,自动变速器置于驻车挡(P挡);车前和车后尽量不要站有人;将车窗玻璃摇下。
(3) 更重要的是车间内通风良好的条件下才能起动发动机,否则将容易引起一氧化碳中毒。如车间里安装有尾气抽排系统,应先将尾气抽排软管连接到汽车的排气管上,并确认废气通风系统已经开始工作,才能起动发动机。

4. 车辆安全移动

(1) 地面指挥车辆行驶、移位时,不得站在车辆正前方与后方,应站在车的侧面并注意周围障碍物。
(2) 在车间时,非操作需要,不得在车辆正前方或正后方停留。

5. 车辆维修安全

(1) 更换制动块后踩制动踏板将制动分泵归位。起动车辆,挂挡起步前一定要踩制动踏板确认制动状态再起动车辆。
(2) 维修手动变速箱时,非操作需要,要及时把挡位放在空挡,以防止误操作引起车辆移动。
(3) 机修、电工在进行车辆维修中,如果禁止打开点火开关或起动车辆(例如断开汽油管路或拆掉正时皮带的车辆等),一定要收好钥匙,并断开蓄电池且应在车辆上相应位置悬挂不能起动字样的警示。不熟练人员和学员不应随意发动车辆。
(4) 切勿在狭窄或封闭、不能按规定充分通风的空间中起动汽车发动机。

发动机排出的废气中含有无色、无味但有剧毒且能致命的一氧化碳(CO)气体,一氧化碳与血液中的血红蛋白结合的速度比氧气快250倍。所以,即使有微量一氧化碳的吸入,也可能给人造成可怕的缺氧性伤害。轻者眩晕、头痛,重者脑细胞将受到永久性损伤;氮氧、氢氧化合物会使易感人群出现刺激反应,患上眼病、喉炎,尾气中的氮氢化合物所含有的苯并芘是致癌物质,是一种高散度的颗粒,可在空气中悬浮几昼夜,被人体吸入后不能排出,积累到临界浓度便激发形成恶性肿瘤。

(5) 如果发动机在车间内运转,则务必在汽车排气管上连接尾气抽排管,并确保车间的排风扇是开着的,务必确保车间通风良好。

(6) 关闭发动机舱盖时任何人不得处在舱盖范围内，让舱盖在重力作用下自行下落扣合，无须下压舱盖。

1.4 车间安全防火

1.4.1 消防常识

1. 燃烧（火灾）的三要素

燃烧（火灾）的三要素包括氧、可燃物和着火源。这三个要素缺少任何一个，燃烧都不能发生和维持。在火灾防治中，从三要素入手，阻断任何一个要素均可扑灭火灾。

2. 不能用水扑灭的火灾

(1) 密度小于水或不溶于水的易燃液体的火灾。

如：汽油、煤油、柴油、苯类、醇类、醚类、酯类等。

(2) 遇水产生燃烧物的火灾。

如：钾、钠、碳化钙等，可用沙土灭火。

(3) 强酸的火灾。

如：硫酸、盐酸、硝酸等，溅到人身体上能灼伤人。

(4) 电气火灾未切断电源前不能用水扑救。

原因：水是良导体，容易造成触电。

(5) 高温状态下化工设备的火灾不能用水扑救。

原因：高温设备遇冷水后骤冷，易变形或爆裂。

3. 电气设备灭火的注意事项

电气设备断电后才能灭火，断电时应注意以下问题：

(1) 拉闸时应使用绝缘工具。由于烟熏或受潮后，开关设备的绝缘能力降低。

(2) 高压设备先操作油断路器，不应该先拉隔离刀闸，主要是为防止引起弧光短路。

(3) 剪断电线时，不同相线应在不同位置剪断，主要是为了防止引起相间短路。

1.4.2 必要的防火措施

必须采取如下的预防措施来防止火灾：

(1) 如果火灾警报响起，所有人员应当配合扑灭火焰。要做到这一点，他们应知道灭火器放在何处及如何使用。

(2) 除非在吸烟区，否则不要抽烟，并且必须将香烟熄灭在烟灰缸里。

1.4.3 易燃、易爆物品的管理

加强对易燃、易爆物品的管理，除正在使用的以外，其余必须存放在指定位置。

(1) 汽油是一种极易挥发的液体，燃点极低，当在空气中达到一定浓度时，遇火极易燃烧、爆炸，潜在的危险性相当大，必须按规定保管和使用。

(2) 在机油存储地或可燃的零件清洗剂附近，不要使用明火。

(3) 各种溶剂必须按规定保管和使用，否则容易产生燃烧、爆炸和腐蚀等伤害，存储

这些物质的存储间应当有良好的通风。

（4）吸满汽油、机油、有机溶剂的碎布可能会自燃，所以它们应当被放置到带盖的金属容器内。

（5）仅在必要时才将燃油或清洗溶剂携带到车间，携带时还要使用能够密封的特制容器。

（6）不要将可燃性废机油和汽油丢弃到阴沟里，因为它们可能导致污水管系统产生火灾，应当始终将这些材料倒入一个排出罐或者一个合适的容器内。

1.4.4 其他注意事项

（1）禁止在处于充电状态的电池附近使用明火或产生火花，因为充电状态的电池产生了可以点燃的爆炸性气体。

坚决不允许用导线跨接蓄电池正负极。

（2）在燃油泄漏的车辆没有修好之前，不要起动该车辆上的发动机。修理燃油供给系统，需拆卸汽油泵时，应当从蓄电池上断开负极电缆以防止发动机被意外起动。

1.4.5 灭火器

灭火器是一种很重要的安全设备，所有员工都必须知道车间灭火器的位置，并且都必须知道如何使用灭火器。否则，发生火灾后，你不得不浪费时间去寻找灭火器，在你拿到灭火器并打开使用之前，大火可能就已经无法控制了。

1. 使用原则

使用灭火器的基本原则是在保证自己不受伤的情况下，尽可能地靠近火源，牢牢地抓住灭火器，并将其对准火焰。

2. 操作步骤

灭火器有几种不同的类型，但是它们的操作步骤通常都包括下面几步：

（1）从灭火器操纵手柄上拔出销子。

（2）压紧操纵手柄释放出灭火器内的灭火剂。

（3）将喷嘴直接对准火焰底部，放出灭火剂，并在火焰上前后扫射。大部分灭火器会在 8~25 s 内释放完灭火剂。

3. 注意事项

（1）灭火器一经开启使用，不能保存重用。

（2）有风天气，应站在上风风向进行灭火，离火安全距离一般在 3~5 m。

（3）一定要确信火已经熄灭，才可以从逃生出口离开。逃生出口一定要保留在身后，一旦火势无法控制时，可以很容易地快速逃脱。

（4）每种灭火器上都有图案表明灭火器的类型，并提供了操作方法。干粉灭火器的使用方法如图 1-19 所示。

发生火险两件必须做的事情：初期扑救和打 119 报火警。

1.4.6 消防安全标志

常见的消防安全标志如图 1-20 所示。

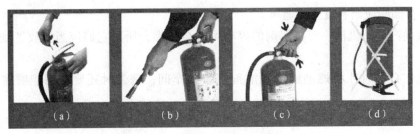

图 1-19 干粉灭火器的使用方法

(a) 拔出保险销;(b) 对准火源根部;(c) 按下压把喷射灭火;(d) 禁止倒立使用

图 1-20 常见的消防安全标志

1.5 车间安全用电

1.5.1 电气设备安全措施

不正确使用电气设备可能导致短路和火灾。因此，要学会正确使用电气设备且必须遵守以下防护措施：

(1) 如果发现电气设备有任何异常，立即关掉开关，并联系管理员或班长。

(2) 如果电路中发生短路或意外火灾，在进行灭火步骤之前首先关掉开关。

(3) 向管理员或班长报告不正确的布线和电气设备安装。任何熔断器熔断都要向上级汇报，因为熔断器熔断说明电路中有某种电气故障。

1.5.2 电气设备安全注意事项

电气设备使用安全注意事项：

(1) 不要靠近断裂或摇晃的电线，如图1-21所示。

(2) 为防止电击，千万不要用湿手接触任何电气设备。

(3) 禁止触摸标有"发生故障"的开关。

(4) 拔下插头时，不要拉电线，而应当拉插头本身，如图1-21所示。

(5) 不要让电缆通过潮湿或浸有油的地方，也不要让电缆通过炽热的表面或者尖角附近，如图1-21所示。

(6) 在开关、配电盘或电动机等物附近不要使用易燃物，因为它们容易产生火花。

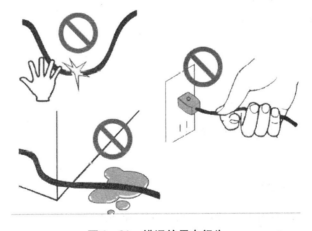

图1-21 错误的用电行为

模块二 汽车整体认识

如果你想买一辆汽车，怎样去选择汽车，并判别汽车的优劣呢？我们需要了解哪些知识呢？

知识点：

(1) 掌握汽车的基本组成及布置。
(2) 掌握汽车的 VIN 码。
(3) 掌握汽车的基本性能。

技能点：

(1) 能找到汽车的 VIN 码位置。
(2) 会区分汽车的各个部分。
(3) 会看汽车的性能参数表。

2.1 汽车基本组成和布置形式

2.1.1 汽车的基本组成

汽车是由动力驱动的具有四个或四个以上车轮的非轨道车辆。习惯上常将汽车分为发动机、底盘、车身和电气设备四部分。

1. 发动机

发动机是汽车的动力装置，如图 2-1 所示。其作用是使燃料燃烧产生动力，然后通过底盘的传动系统驱动车轮使汽车行驶。

发动机主要有汽油机和柴油机两种。汽油发动机由曲柄连杆机构、配气机构和燃料供给系统、冷却系统、润滑系统、点火系统、起动系统组成。柴油发动机的点火方式为压燃式，所以无点火系统。

图 2-1 汽车发动机

2. 底盘部分

底盘作用是支撑、安装汽车发动机及其各部件、总成，形成汽车的整体造型，并接收发动机的动力，使汽车产生运动，保证正常行驶。底盘由传动系统、行驶系统、转向系统和制动系统四部分组成。汽车底盘如图 2-2 所示。

图 2-2 汽车底盘

3. 车身部分

车身部分由驾驶室和货厢两部分组成，车身安装在底盘的车架上，用以驾驶员、旅客乘坐或装载货物。轿车、客车的车身一般是整体结构，货车车身一般是由驾驶室和货厢两部分组成。汽车车身如图 2-3 所示。

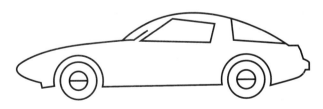

图 2-3 汽车车身

4. 电气设备

电气设备由电源和用电设备两大部分组成。电源包括蓄电池和发电机。用电设备包括发动机的起动系统、汽油机的点火系统、照明和信号装置、空调、仪表和报警系统以及一些其他辅助用电装置和现代汽车电子设备等。汽车电气设备的组成如图2-4所示。

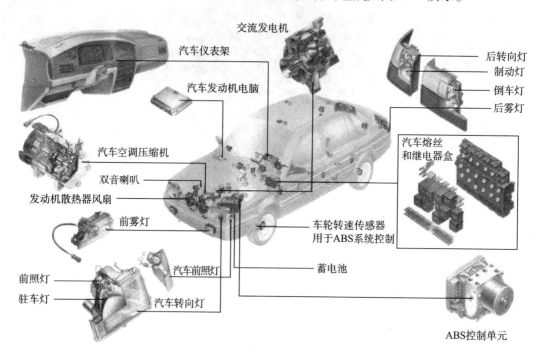

图2-4 汽车电气设备的组成

2.1.2 汽车的布置形式

为满足不同的使用要求,汽车的总体构造和布置形式都不尽相同。一般按发动机和各个总成相对位置的不同以及驱动方式的不同,现代汽车的布置形式通常有这几种:

1. 发动机前置后轮驱动(FR)

发动机前置后轮驱动是比较传统的布置形式,一般多用在货车上,轿车及客车上就相对应用得少些。

2. 发动机前置前轮驱动(FF)

发动机前置前轮驱动是目前轿车主流的布置形式,它具有结构紧凑、减少重量、降低地板高度、改善高速时的操纵稳定性等优点。

3. 发动机后置后轮驱动(RR)

发动机后置后轮驱动是大多数客车所采用的布置形式,其具有降低噪声、利于车身内部布置等优点。

4. 发动机中置后轮驱动(MR)

发动机中置后轮驱动多运用于运动型跑车和方程式赛车上。由于这类型的汽车需要极大功率的发动机,因此其发动机的尺寸也比较大,将发动机安置在驾驶员座椅之后和后桥之前,有利于获得最佳轴荷分配和提高汽车的性能。著名的保时捷跑车便是采用这种布置形式。

5. 全轮驱动(nWD)

全轮驱动(nWD)通常是越野车所采用的方式,此种方式一般发动机前置,在变速器后装分动器以便将动力分别输送到全部车轮上。不过现在的一些豪华轿车也都采用了这种方式，如奥迪 A8 等。

汽车的布置形式如图 2-5 所示。

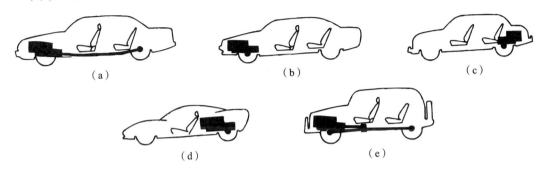

图 2-5 汽车的布置形式

(a) 发动机前置后轮驱动；(b) 发动机前置前轮驱动；(c) 发动机后置后轮驱动；
(d) 发动机中置后轮驱动；(e) 全轮驱动

知识拓展

MPV 全称是 Multi-Purpose Vehicle，即多用途汽车。它集轿车、旅行车和厢式货车的功能于一身，车内每个座椅都可调整，并有多种组合的方式，例如可将中排座椅靠背翻下即可变为桌台，前排座椅可做 180°旋转等。近年来，MPV 趋向于小型化，并出现了所谓的 S—MPV，S 是小（Small）的意思。S-MPV 车长一般在 4.2~4.3 m，车身紧凑，一般为 5~7 座。

SUV 全称是 Sport Utility Vehicle，中文意思是运动型多用途汽车。现在主要是指那些设计前卫、造型新颖的四轮驱动越野车。SUV 一般前悬架是轿车型的独立悬架，后悬架是非独立悬架，离地间隙较大，在一定程度上既有轿车的舒适性又有越野车的越野性能。由于带有 MPV 式的座椅多组合功能，使车辆既可载人又可载货，适用范围广。

RV 全称是 Recreation Vehicle，即休闲车，是一种适用于娱乐、休闲、旅行的汽车，首先提出 RV 汽车概念的国家是日本。RV 的覆盖范围比较广泛，没有严格的范畴。从广义上讲，除了轿车和跑车外的轻型乘用车，都可归属于 RV。MPV 及 SUV 也同属 RV。

皮卡全称是 Pick-Up，又名轿卡。顾名思义，亦轿亦卡，是一种采用轿车车头和驾驶室，同时带有敞开式货车车厢的车型。其特点是既有轿车般的舒适性，又不失动力强劲，而且比轿车的载货和适应不良路面的能力还强。最常见的皮卡车型是双排座皮卡，这种车型是目前保有量最大，也是人们在市场上见得最多的皮卡。

CKD 汽车：CKD 是英文 Completely Knocked Down 的缩写，意思是"完全拆散"。换句话说，CKD 汽车就是进口或引进汽车时，汽车以完全拆散的状态进入，之后再把汽车的全部零部件组装成整车。我国在引进国外汽车先进技术时，一开始往往采取 CKD 组装方式，将国外先进车型的所有零部件买进来，在国内汽车厂组装成整车。

SKD 汽车：SKD 是英文 Semi-Knocked Down 的缩写，意思是"半散装"。换句话说，SKD 汽车就是指从国外进口汽车总成（如发动机、驾驶室、底盘等），然后在国内汽车厂装配而成的汽车。SKD 相当于人家将汽车做成"半成品"，进口后简单组装就成整车。

零公里汽车：零公里汽车是一个销售术语，指行驶里程为零（或里程较低，如不高于 10 km）的汽车，它的出现是为了满足客户对所购车辆"绝对全新"的要求。零公里表示汽车从生产线上下来后，还未有任何人驾驶过。为了保证里程表的读数为零，从生产厂到各销售点，均采用大型专用汽车运输，以保证车辆全新。

概念车：概念车由英文 Conception Car 意译而来。它仅仅是向人们展示设计人员新颖、独特、超前的构思而已。概念车还处在创意、试验阶段，很可能永远不投产。因为不是大批量生产的商品车，每一辆概念车都可以更多地摆脱生产制造水平方面的束缚，尽情地甚至夸张地展示自己的独特魅力。

概念车是时代的最新汽车科技成果，代表着未来汽车的发展方向，因此它展示的作用和意义很大，能够给人以启发并促进相互借鉴学习。因为概念车有超前的构思，体现了独特的创意，并应用了最新科技成果，所以它的鉴赏价值极高。

世界各大汽车公司都不惜巨资研制概念车，并在国际汽车展上亮相，一方面了解消费者对概念车的反映，从而继续改进；另一方面也是为了向公众显示本公司的技术进步，从而提高自身形象。

老爷车：老爷车也叫古典车，一般指 20 年前或更老的汽车。老爷车是一种怀旧的产物，是人们过去曾经使用的，现在仍可以工作的汽车。

老爷车这一概念始于 20 世纪 70 年代，最早出现在英国的一本杂志上，这种说法很快得到老爷车爱好者的认同。不到 10 年时间，关注老爷车的人就越来越多，致使老爷车的身价戏剧性地增长起来。例如，一辆 1933 年款式的美国求盛伯格汽车在拍卖行卖到 100 万美元，一辆布加迪老爷车卖到 650 万美元。

2.2 汽车的 VIN 码

VIN 是英文 Vehicle Identification Number（车辆识别代码）的缩写。ASE 标准规定：VIN 码由 17 位字符组成，所以俗称十七位码。它包含了车辆的生产厂家、年代、车型、车身形式及代码、发动机代码及组装地点等信息。正确解读 VIN 码，对于我们正确地识别车型，正确地诊断和维修都是十分重要的。汽车的 VIN 码如图 2-6 所示。

 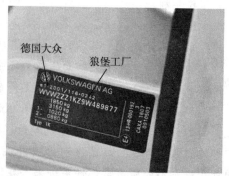

图 2-6 汽车的 VIN 码

下面对 VIN 码的有关知识做一个初步介绍。

（1）车身形式：指根据车辆的一般结构或外形诸如车门和车窗数量，运载货物的特征以及车顶形式（如厢式车身、溜背式车身、舱背式车身）的特点区别车辆。

（2）发动机形式：指动力装置的特征，如所用燃料、气缸数量、排量和静制动功率等。装在轿车、多用途载客车、车辆额定总重为 10 000 lb[①] 或低于 10 000 lb 的载货车上的发动机，应标明专业制造厂及型号。

（3）种类：是制造商对同一型号内的，在诸如车身、底盘或驾驶室类型等结构上有一定共同点的车辆所给予的命名。

（4）品牌：是制造厂对一类车辆或发动机所给予的名称。

（5）型号：指制造厂对具有同类型、品牌、种类、系列及车身形式的车辆所给予的名称。

（6）车型年份：表明某个单独的车型的年份，只要实际周期不超过两个立法年份，可以不考虑车辆的实际生产年。

（7）制造工厂：指标贴 VIN 的工厂。

（8）系列：指制造厂用来表示如标价、尺寸或重量标志等小分类的名称，主要用于商业目的。

（9）类型：指由普通特征、设计与目的来区别车辆的级别。轿车、多用途载客车、载货汽车、客车、挂车、不完整车辆和摩托车是独立的形式。

（10）注意：VIN 中不会包含 I、O、Q 三个英文字母。

2.3 汽车行驶基本理论

2.3.1 汽车行驶的作用力

汽车从起步进入正常行驶一直到停车，整个过程中都要受到多种力的作用，如图 2-7 所示，而每一种力的作用都将决定和影响着汽车的运动状态。

图 2-7 汽车行驶的作用力

1. 汽车的驱动力

使静止的汽车从开始行驶到保持一定速度或加速度行驶，都必须对汽车施加一个与行驶

---

① 磅，1 lb = 0.453 6 kg。

方向相同的推动力，以克服阻碍行驶的各种阻力。这个推动汽车行驶的力称为驱动力，以 F_t 表示。

发动机输出的转矩经传动系统传至驱动轮，使驱动轮轮胎支撑面上产生沿地面向后的作用力，同时地面给驱动轮一反作用力，这个反作用力推动汽车前进，即驱动力如图 2-8 所示。

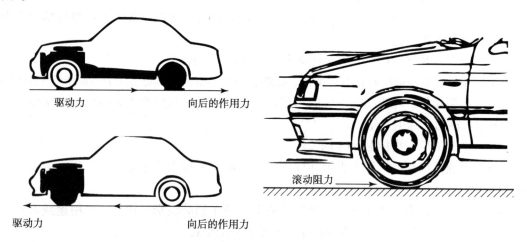

图 2-8 汽车的驱动力

汽车在任何情况下保持匀速或加速行驶，其驱动力的大小必须等于或大于汽车行驶总阻力。驱动力取决于发动机的功率和变速器不同挡位的传动比。

2. 汽车的滚动阻力

滚动阻力是车轮在地面上滚动时所产生的阻力的总称，以 F_f 表示，滚动阻力主要由以下几种阻力组成：轮胎沿路面滚动时，轮胎变形所引起的阻力；路面变形所引起的阻力；路面不平整所引起的冲击阻力；轮毂轴承的摩擦力。

3. 汽车的空气阻力

汽车行驶时，汽车与空气间形成相对运动，空气作用在汽车沿其前进方向上的分力，称为空气阻力，以 F_w 表示。汽车的空气阻力如图 2-9 所示。

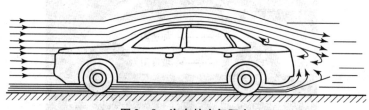

图 2-9 汽车的空气阻力

空气阻力可分为摩擦阻力和压力阻力两大部分。作用在汽车外表面上的法向压力的合力在其行驶方向上的分力，称为压力阻力。具有黏度的空气对汽车表面的摩擦作用产生的阻力，称为摩擦阻力。

空气阻力的大小与汽车的迎风面积、行驶速度及风向有关，迎风面积越大，空气阻力越大；车速越高，空气阻力越大；迎风面积越小，空气阻力越小；逆风空气阻力大，顺风空气阻力小。随着现代汽车行驶速度的普遍提高，改进车身外形设计是降低空气阻力的有效途径。

4. 坡度阻力

汽车上坡时,其总重力沿路面方向的分力形成的阻力称为上坡阻力,以 F_i 表示,其数值取决于汽车的总重力和路面的纵向坡度。上坡阻力只是在汽车上坡时才存在,但汽车克服坡度所做的功并未白白地耗掉,而是以位能的形式被储存。当汽车下坡时,所储存的位能又转变为汽车的动能,加速汽车行驶。

5. 加速阻力

汽车加速行驶时,需要克服其本身质量在加速运动时的惯性力,就是加速阻力 F_j。

2.3.2 汽车行驶的原理

为了克服上述阻力,汽车必须有足够的驱动力。因此可以得出汽车的行驶方程式为

$$F_t = \sum F = F_f + F_w + F_i + F_j$$

当驱动力增大到足以克服汽车静止时所受的阻力时,汽车开始起步行驶;当总阻力 $\sum F$ 等于驱动力 F_t 时,汽车将匀速行驶。当总阻力 $\sum F$ 小于驱动力 F_t 时,汽车将加速行驶。然而,随着车速增加,总阻力亦随空气阻力而急剧增加,所以汽车速度只能增大到驱动力与总阻力达到新的平衡为止,此后,汽车便以较高的速度匀速行驶。

2.3.3 汽车行驶的驱动—附着条件

1. 驱动条件

由汽车行驶方程式可以看出,驱动力必须大于阻力之和,汽车才能行驶;否则汽车无法开动,正在行驶中的汽车将减速直至停车。所以汽车行驶的驱动条件为

$$F_t \geq F_f + F_i + F_w$$

可以采用加大节气门或将变速器换入低挡以便相应地增大驱动力。但是,这些措施只有在驱动轮与路面不发生滑转现象时才有效。如果驱动轮在路面滑转,则增大驱动力只会使驱动轮加速旋转,地面切向反作用力并不会增加。这种现象表明,汽车行驶除了受驱动条件制约外,还受轮胎与地面附着条件的限制。

2. 附着条件

在汽车技术中,把车轮与路面的相互摩擦以及轮胎花纹与路面凸起部位的相互作用综合在一起,称为附着作用。由附着作用所决定的阻碍车轮打滑的路面反力的最大值就为附着力。所以汽车行驶的附着条件为

$$F_t \leq F_\varphi$$

式中 F_φ——地面附着力。

因此,驱动力不能大于地面附着力,否则将发生驱动轮滑转现象。

在积雪和泥泞路面上,因雪和泥的抗剪强度很低,被轮胎花纹切下的雪或泥又将花纹凹处填满,使得轮胎表面和雪、泥之间的摩擦更小,因而附着系数的数值很小。如果附着重力相同,积雪或泥泞路面的附着力比干硬路面要小得多,车轮也就更容易打滑。所以在这种条件下,尽管行驶阻力有时并不大,但受到附着力限制的驱动力却不能进一步增大到足以克服行驶阻力,汽车不得不减速以至停车。普通货车在冰雪路面上行驶时,往往在驱动轮上绕装

防滑链，链条深嵌入冰雪中能使附着系数和附着力增加。但是，普通货车因只能利用分配到驱动轮上的那部分汽车总重力作为附着重力，故附着力可能仍不够大。全轮驱动的越野汽车则可利用汽车的全部重力作为附着重力，并可利用其轮胎上的特殊花纹获得较大的附着系数，因而能使附着力显著增加。

2.4 汽车基本性能

汽车的主要性能包括动力性、燃油经济性、制动性、操纵稳定性、行驶平顺性、通过性、排放及噪声污染等。

2.4.1 汽车的动力性

这是汽车首要的使用性能。汽车必须有足够的平均速度才能正常行驶，汽车必须有足够的驱动力才能克服各种行驶阻力，正常行驶，这些都取决于动力性的好坏。汽车动力性可从下面三方面指标进行评价。

1. 汽车的最高车速

汽车的最高车速指汽车满载时在良好水平路面上能达到的最高行驶速度。

2. 汽车的加速能力

汽车的加速能力指汽车在各种使用条件下迅速增加汽车行驶速度的能力。加速过程中加速用的时间越短、加速度越大和加速距离越短的汽车，加速性能就越好。

3. 汽车的上坡能力

上坡能力用汽车满载时以最低挡位在坚硬路面上匀速行驶所能克服的最大坡度来表示，称为最大爬坡度，它表示汽车最大牵引力的大小。不同类型的汽车对上述三项指标要求各有不同。轿车与客车偏重于最高车速和加速能力，载重汽车和越野汽车对最大爬坡度要求较严。但不论何种汽车，在公路上能正常行驶，必须具备一定的平均速度和加速能力。

那么，怎样才能提高汽车的动力性呢？要提高动力性，就要增加驱动力，减小滚动阻力，减小加速阻力。具体方法就是：

（1）提升动力。提升动力的方法包括增加发动机总功率或减少发动机附件的消耗功率（别小看这些附件，轿车上的汽油机消耗的功率能占到发动机总功率的15%左右）。

（2）减小轮胎滚动阻力。减小轮胎滚动阻力的方法是换滚动阻力系数小的轮胎。

（3）减轻车重。减轻车身重量，减轻发动机附件重量，减轻飞轮重量，减轻车轮重量。减轻汽车上旋转部件的重量对减少加速阻力是很有效的。

2.4.2 汽车的燃油经济性

为降低汽车运输成本，要求汽车以最少的燃油消耗，完成尽量多的运输量。汽车以最少的燃油消耗完成单位运输工作量的能力，称为燃油经济性，评价指标有两种表示方法：一是用行驶里程的燃油消耗量：我国和欧洲用每行驶百公里所消耗燃油的升数来表示，其单位为：L/100 km，其值越小越经济；二是用单位燃油消耗量的行驶里程：美国用每升燃油所能行驶的公里（或英里）数来表示，其单位为：km/L 或 mile/Gallon，其值越大越经济。

一般厂家公布的都是 60 km/h、90 km/h、120 km/h 等百公里燃油消耗量，近几年也有公布城市循环工况的百公里燃油消耗量。但是我们平时的实际油耗与理论油耗有着非常大的差别，主要是：理论油耗是在特定实验条件下测得的等速数据，并且理论油耗往往选择"经济车速"作为测量条件。

一般来讲，实际油耗要比厂家公布的理论油耗高出 20%～40%。如果你的油耗高于这个标准，就需要考虑你的车辆情况、驾驶技术等方面是不是存在问题。

燃油经济性的影响因素主要从使用与汽车结构两个方面讨论。

1. 使用方面

（1）车速：从汽车的油耗曲线可看出，汽车在接近中速时油耗最低，高速时随车速增加而迅速增加。主要原因是高速行驶时，汽车的行驶阻力显著增加所致。而在低速时，由于发动机的负荷率低而导致油耗增加。

（2）挡位选择：在一定道路上，汽车用不同的挡位行驶，油耗量是不同的。显然，在同一道路和车速条件下，虽然发动机发出的功率相同，但挡位越低后备功率越大，发动机负荷率越低油耗越大。汽车不同挡位油耗示意图如图 2-10 所示。

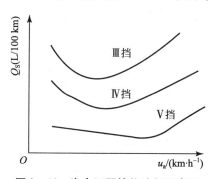

图 2-10 汽车不同挡位油耗示意图

（3）挂车的使用：使用挂车后，虽然汽车的燃油消耗量增加了，但分摊到每吨货物上的油耗下降了。主要原因是发动机的负荷率增加了，另外汽车列车的质量利用系数增大了。

（4）正确的保养与调整：汽车的保养与调整会影响到发动机的性能与汽车行驶阻力。例如：一般用滑行距离来检查底盘的技术状况，当汽车底盘调整正常、润滑充分时，底盘的行驶阻力减小，滑动距离会大大增加。

2. 汽车结构方面

（1）减轻自重，采用替代材料，如轻材料和塑料等，可以起到节油的效果。

（2）提高发动机的热效率，采用先进的技术，如电喷技术的采用，让发动机处于最佳经济工作状况。

（3）传动系统挡位增多，增加了汽车处于最佳经济工作状况的机会，利于提高燃油经济性。

（4）汽车外形和轮胎：外形对风阻的影响很大，降低风阻可以有效改善汽车高速运行下的经济性；选用滚动阻力小的轮胎，也能提高燃油经济性。

2.4.3 汽车的制动性

汽车具有良好的制动性是安全行驶的保证，也是汽车动力性得以很好发挥的前提。汽车制动性有下述三方面的内容。

1. 制动效能

制动效能是汽车迅速减速直至停车的能力。常用制动过程中的制动时间、制动减速度和制动距离来评价。汽车的制动效能除了和汽车技术状况有关外，还与汽车制动时的速度以及轮胎和路面的情况有关。影响汽制动距离和制动减速度的因素有以下几方面。

（1）作用在制动踏板上的力：作用在制动踏板上的力越大，制动的加速度就越大，则制动距离就越短。

（2）路面条件和天气情况：路面条件主要是决定附着系数，系数越大，制动加速度越大，制动距离越短；天气主要是影响空气湿度和路面的附水层，湿度越大则制动加速度越小，制动距离越长。

（3）制动器的热状况：衡量制动器热状况的指标是热衰退性，我国规定以一定车速连续制动15次，每次制动强度为$3m/s^2$，最后的制动效能应不低于冷制动时的60%。所以热衰退性好，则制动加速度大，制动距离短。

（4）制动初速度：其只影响制动的距离，初速度越大，制动距离越长。

（5）驾驶员的反应时间：就是驾驶员判断从有意识到脚踩到制动踏板的时间，反应时间越长，制动距离越长，而其只影响制动距离。

（6）制动器的作用时间：因为制动器是由回位弹簧拉紧，蹄片与制动鼓间有间隙，要克服这些之后才是真正的制动开始时间，所以制动器的作用时间越长，制动距离越长，但也不影响制动加速度。

2. 制动效能的恒定性

在短时间内连续制动后，制动器温度升高导致制动效能下降，称之为制动器的热衰退，连续制动后制动效能的稳定程度为制动效能的恒定性。影响汽车制动效能恒定性的因素有以下几方面。

（1）摩擦副的材料：这是影响制动效能的主要因素。

（2）制动器的结构形式：一般来说，自增力的比无增力的效能好，双领蹄的比领从蹄的好。

（3）制动时间：尽量避免长时间制动。

（4）制动器的热容量和散热容积：热容量和散热面积越大，制动恒定性越好。

3. 制动时方向的稳定性

制动时方向的稳定性是指汽车在制动过程中不发生跑偏、侧滑和失去转向的能力。当左右侧制动动力不一样时，容易发生跑偏；当车轮抱死时，易发生侧滑或者失去转向能力。为防止上述现象发生，现代汽车设有电子防抱死装置，是为了防止紧急制动时车轮抱死而发生危险。影响制动时方向的稳定性的因素有以下几方面：

（1）汽车跑偏：其原因有两个，一个是左右两车轮的制动力不相等，一个是悬架导向杆和转向系统拉杆的运动干涉。前者是由于制造、调整误差造成，后者是由于设计造成，且后者总是造成向右跑偏。

（2）后轴侧滑：其原因是制动时后轴车轮比前轴先抱死拖滑造成，汽车处于极危险的状态，若能使制动是前轮先抱死或同时抱死就能防止后轴侧滑。现在的一些电子设备，如ABS、电子制动力分配系统，都是用来控制车轮抱死的装置，对汽车制动安全性的提高有很大帮助。

（3）前轴丧失转向能力：其原因是前轮先抱死，而后轮滑动。这是即使转动方向盘也不能使汽车转向，汽车继续以直线行驶，而相比后轮先抱死的情况，由于车身离心力作用，汽车处于相对稳定的状态。

2.4.4　汽车的操纵性和稳定性

汽车的操纵性是指汽车对驾驶员转向指令的响应能力，直接影响到行车安全。轮胎的气压和弹性、悬挂装置的刚度以及汽车重心的位置都对该性能有重要影响。

汽车的稳定性是汽车在受到外界扰动后恢复原来运动状态的能力，以及抵御发生倾覆和侧滑的能力。对于汽车来说，侧向稳定性尤为重要。当汽车在横向坡道上行驶、转弯以及受其他侧向力时，容易发生侧滑或者侧翻。汽车重心的高度越低，稳定性越好。合适的前轮定位角度使汽车具有自动回正和保持直线行驶的能力，提高了汽车直线行驶的稳定性。如果装载超高、超载，转弯时车速过快，横向坡道角过大以及偏载等，都容易造成汽车侧滑及侧翻。

车辆操纵性的好坏主要由三个因素来决定：动力、悬挂和制动。动力是操纵性的根本，有了强劲、流畅的动力输出，车辆才有资格谈操纵性；悬挂则是操纵性的关键，一般而言，动力相当的两款车，操纵性的好坏取决于悬挂系统的差别，扎实而具备韧性的悬挂系统才能保证操纵性的稳定和可靠；而制动是操纵性的保障，有了可靠的制动保障，在体验车辆操纵性能的时候，才没有后顾之忧。

汽车的操纵性能不仅影响到驾驶的灵敏准确程度，而且也决定了高速行驶的安全性，是"高速车辆的生命线"。提高汽车的操纵性和稳定性的措施：

（1）有敏捷而又准确的方向盘。

方向盘不是越轻越好。因为方向盘太轻时，方向盘回中力小，路感比较模糊，容易偏斜跑道，在狭窄不平路面不易掌控，尤其是高速行驶的时候很危险。当然太重也不好，驾驶费劲，易疲劳。

（2）有扎实而具备韧性的悬挂系统。

传统的麦弗逊式独立悬架，带横向稳定杆。虽然不是最新式的系统，但却是事实证实最经久耐用的独立悬架，具有很强的道路适应能力。麦弗逊式独立悬架的优势在于使车前方能够很好的控制侧向力，乘客在高速转弯时也不会感觉到明显的侧倾。

（3）有扭矩随叫随到的发动机。

扭矩越大代表它的加速性能越好。再简单一点说，在排量相同的情况下，扭矩越大说明发动机越好。

（4）有楔形流线型外形设计。

楔形流线型外形设计，增大高速行驶时的地面附着力，降低整车重心，使车辆达到速度与稳定性的完美结合。流线型设计的另一个优点是风阻小，尤其是抗侧风能力表现卓越，表现为高速驾驶稳定、平顺，易于驾驭，让人可以充分享受驾驶的愉悦性和快感。

2.4.5　汽车的行驶平顺性

汽车在行驶过程中由于路面不平的冲击，会造成汽车振动，使乘客感到疲劳和不舒适，货物损坏。为防止上述现象的发生，不得不降低车速。同时振动还会影响汽车的使用寿命。汽车在行驶中对路面不平的降振程度，称为汽车的行驶平顺性。

汽车行驶平顺性的物理量评价指标，客车和轿车采用"舒适降低界限"车速特性。当汽车速度超过此界限时，就会降低乘坐舒适性，使人感到疲劳不舒服。该界限值越高，说明平顺性越好。货车采用"疲劳降低工效界限"车速特性。

汽车车身的固有频率也可作为平顺性的评价指标。从舒适性出发，车身的固有频率在 600~850 Hz 较好。

高速汽车尤其是轿车要求具有优良的行驶平顺性。轮胎的弹性、性能优越的悬挂装置、座椅的减振性能以及尽量小的非悬挂质量，都可以提高汽车的行驶平顺性。汽车行驶振动传递路径示意图如图 2-11 所示。

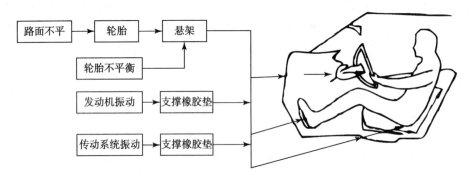

图 2-11 汽车行驶振动传递路径示意图

2.4.6 汽车的通过性

汽车在一定的载质量下能以较高的平均速度通过各种坏路及无路地带和克服各种障碍物的能力，称之为汽车的通过性。各种汽车的通过能力是不一样的。轿车和客车由于经常在市内行驶，通过能力较差。而越野汽车、军用车辆、自卸汽车和载货汽车，就必须有较强的通过能力。

汽车通过性几何参数：最小离地间隙、纵向通过角、接近角、离去角。汽车通过性几何参数如图 2-12 所示。

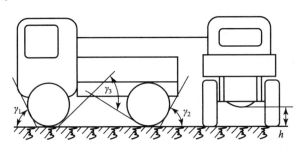

图 2-12 汽车的通过性几何参数

1. 接近角 γ_1（Approach Angle）

接近角是指汽车满载、静止时，前端突出点向前轮所引切线与地面间的夹角。接近角越大，越不易发生因车辆前端触及地面而不能通过的情况。反之，接近角越小，越容易发生因车辆前端触及地面而不能通过的情况。

2. 离去角 γ_2 (Departure Angle)

离去角是指汽车满载、静止时,后端突出点向后轮所引切线与地面间的夹角。离去角越大,越不易发生因车辆尾部触及地面而不能通过的情况。反之,离去角越小,越容易发生因车辆尾部触及地面而不能通过的情况。

3. 纵向通过角 γ_3 (Break-Over Angle)

纵向通过角是指汽车满载、静止时,分别通过前、后车轮外缘作垂直于汽车纵向对称平面的切平面,当两切平面交于车体下部较低部位时所夹的最小锐角。它表示汽车能够无碰撞地通过小丘、拱桥等障碍物的轮廓尺寸。纵向通过角越大,车辆中间底部的零件碰到地面而被顶住的可能性越小,汽车的通过性越好。反之,纵向通过角越小,车辆中间底部的零件碰到地面而被顶住的可能性越大,汽车的通过性越差。

4. 最小离地间隙 h

最小离地间隙是指汽车在满载(允许最大荷载质量)情况下,其底盘最突出部位与水平地面的距离。最小离地间隙反映的是汽车无碰撞通过有障碍物或凹凸不平的地面的能力。最小离地间隙越大,车辆通过有障碍物或凹凸不平的地面的能力就越强,但重心偏高,降低了稳定性;最小离地间隙越小,车辆通过有障碍物或凹凸不平的地面的能力就越弱,但重心低,可增加稳定性。汽车的离地间隙各个高度值不是静止不变的,它取决于负载状况。

各种汽车通过性的几何参数如表 2-1 所示。

表 2-1 各种汽车通过性的几何参数

汽车类型	驱动形式	最小离地间隙/mm	接近角/(°)	离去角/(°)	最小转变直径/m
轿车	4×2	120~200	20~30	15~22	14~26
	4×4	210~370	45~50	35~40	20~30
货车	4×2	250~300	25~60	25~45	16~28
	4×4、6×6	260~350	45~60	35~45	22~42
越野车(乘用)	4×4	210~370	45~50	35~40	20~30
客车	6×4、4×2	220~370	10~40	6~20	28~44

采用宽断面胎、多胎可以减小滚动阻力;较深的轮胎花纹可以增加附着系数而不容易打滑;全轮驱动的方式可使汽车的动力性得以充分发挥;结构参数的合理选择,可以使汽车具有优良的克服障碍的能力,如较大的最小离地间隙、接近角、离去角、车轮半径和较小的转弯半径、横向和纵向通过半径等,都可提高汽车的通过能力。

2.4.7 汽车的排放污染和噪声污染

汽车主要有三个排放污染源:一是发动机排气管排出的燃烧废气(柴油车还排放大量的颗粒物);二是曲轴箱排放物;三是燃料蒸发排放物。这些排放物对环境的污染极大,对人类身体产生严重的不良影响,降低汽车排放污染是一项重要工作。汽车的噪声随着城市汽车保有量的增加,已成了城市环境中最主要的噪声源。

为了有效地控制城市的交通噪声,各国都制定了各种机动车的噪声标准及限值标准。

2.4.8 其他使用性能

1. 操纵轻便性

驾驶汽车时需要根据操作的次数、操作时所需要的力、操作时的方便情况以及视野、照明、信号等来评价。汽车具有良好的操纵轻便性，不但可以减轻驾驶员劳动强度和紧张程度，也是安全行驶的保证。采用动力转向、制动增加装置、自动变速器以及膜片离合器等，使操纵轻便性得以明显改善。

2. 机动性

市区内行驶的汽车，经常行驶于狭窄多弯的道路，机动性显得尤为重要。机动性主要用最小转弯半径来评价，转弯半径越小，机动性越好。

3. 行驶安全性

（1）主动安全性：汽车本身防止或减少道路交通事故的性能。如防抱死制动系统（ABS）、防滑驱动系统（ASR）、主动悬架、动力转向、四轮驱动（4WD）、四轮转向（4WS）、灯光照明系统、刮水器、后视镜、防止车辆追尾的车距报警系统和激光雷达等。

（2）被动安全性：汽车发生了事故后，汽车本身减轻人员受伤和货物受损的性能，又可分为内部被动安全性和外部被动安全性。如：安全带、安全气囊等。

（3）事故后安全性：汽车发生了事故后能减轻事故后果的性能，如门锁紧急施放系统、GPS救援系统等。

门锁紧急施放系统在车辆发生碰撞事故后，为了使乘员能迅速地从被撞车辆中救出，车门应能容易打开。其工作原理是当碰撞传感器确认已发生碰撞，系统立即施放门锁。

GPS救援系统在车辆发生碰撞后，为了快速救助伤者，必须准确确定事故车辆地点。GPS救援系统利用卫星导航定位，能很快确定车辆方位，缩短救助时间，降低乘员的伤害程度。

4. 装卸方便性

与车厢的高度、可翻倒的栏板数目以及车门的数目和尺寸有关。

模块三 发动机的使用与保养

如果想延长发动机的使用寿命,我们需要了解哪些知识?

知识点:

(1) 掌握发动机的基本结构。
(2) 掌握发动机的工作原理。

技能点:

(1) 能正确使用点火开关、油门踏板。
(2) 会选择燃油、润滑油、冷却液。
(3) 会正确检查与维护发动机。

3.1 发动机的基本结构与工作原理

发动机是将某一种形式的能量转换为机械能的机器,汽车的动力来自发动机。

汽车发动机主要采用四行程往复活塞式内燃机,它具有热效率高、体积小、起动性能好、便于移动和维修方便等优点。

3.1.1 四行程往复活塞式发动机的基本术语

汽车发动机是一部复杂的能量转换机器,为了便于研究它的工作过程,发动机能量转换机构的基本结构如图3-1所示。发动机的基本术语如下:

(1) 上止点:活塞顶部离曲轴中心的最远、最高位置。
(2) 下止点:活塞顶部离曲轴中心的最近、最低位置。
(3) 活塞行程(S):上、下止点间的距离。
(4) 曲轴半径(R):曲轴与连杆下端的连接中心至曲轴中心的距离。
(5) 气缸工作容积(V_h):活塞从上止点到下止点所扫过的容积称为气缸工作容积或气

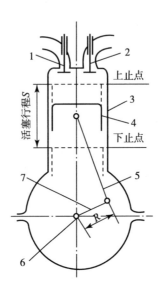

图 3-1 发动机基本结构
1—进气门；2—排气门；3—气缸；4—活塞；5—连杆；6—曲轴中心；7—曲柄

缸排量，用符号 V_h 表示。多缸发动机各气缸工作容积的总和，称为发动机工作容积或发动机排量，用符号 V_L（单位为 L）表示。

$$V_L = \frac{\pi D^2}{4 \times 10^3} Si$$

式中 D——气缸直径，单位为 cm；
S——活塞行程，单位为 cm；
i——气缸数。

(6) 燃烧室容积（V_c）：活塞在上止点时，活塞顶上面的空间为燃烧室，它的容积叫燃烧室容积（单位为 L）。

(7) 气缸总容积（V_a）：活塞在下止点时，活塞顶上面整个空间的容积（单位为 L），它等于气缸工作容积与燃烧室容积之和，即

$$V_a = V_h + V_c$$

(8) 压缩比（ε）：气缸总容积与燃烧室容积的比值，即

$$\varepsilon = V_a / V_c = 1 + V_h / V_c$$

压缩比表示活塞由下止点移动到上止点时，气缸内气体被压缩的程度。压缩比越大，则压缩终了时气缸内的压力和温度就越高。

目前，一般车用汽油机的压缩比为 9~14，柴油机的压缩比为 16~22。

3.1.2 四行程发动机的工作原理

1. 四行程汽油发动机的工作原理

四行程汽油发动机每完成一个工作循环需要经过进气、压缩、膨胀（做功）和排气四个过程，如图 3-2 所示。对应活塞上下四个行程，相应的曲轴旋转 720°（两圈）。

1) 进气行程［图 3-2 (a)］

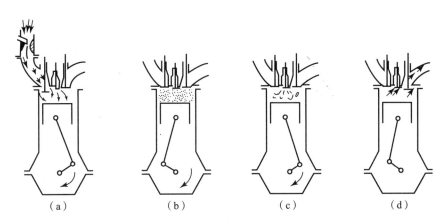

图 3-2　四行程汽油机工作原理示意图
(a) 进气行程；(b) 压缩行程；(c) 膨胀行程（做功行程）；(d) 排气行程

进气行程开始时，排气门关闭，进气门开启，活塞被曲轴带动从上止点向下止点移动一个行程，曲轴由 0°沿顺时针方向转到 180°。

当活塞从上止点向下止点移动时，气缸内活塞上方的容积增大，压力降低到小于大气压力，产生了真空度。这时，可燃混合气经进气歧管、进气门吸入气缸。

2) 压缩行程［图 3-2 (b)］

在进气行程终了时，活塞自下止点向上止点移动，曲轴由 180°转到 360°，此时进、排气门均关闭。随着气缸的容积不断缩小，可燃混合气受到压缩，其温度和压力不断升高。

3) 做功行程［图 3-2 (c)］

进、排气门仍关闭。当活塞接近上止点时，装在气缸盖上的火花塞在高压电作用下产生电火花，点燃被压缩的可燃混合气。由于燃气体积迅速膨胀，从而活塞被高压气体推动从上止点下行，带动曲轴从 360°旋转到 540°，并输出机械能。

4) 排气行程［图 3-2 (d)］

当做功行程接近终了时，进气门关闭、排气门开启，曲轴通过连杆推动活塞从下止点向上止点运动，曲轴由 540°旋转到 720°。废气在自身残余压力和活塞的推力作用下从气缸中排出，进入大气之中。活塞到上止点附近时，排气行程结束。

上述四个行程，循环往复，完成了能量的转换和输出。

2. 四行程柴油发动机的工作原理

柴油机是利用喷油泵使柴油在高压下由喷油器直接喷入发动机气缸内，并与气缸内已经被压缩的高温高压空气混合形成混合气，自燃后产生热能而膨胀做功。

四行程柴油机（压燃式发动机）和四行程汽油机一样，每个工作循环也经历进气、压缩、做功、排气四个行程。

所不同的是：柴油机在进气行程吸入的是纯空气。在压缩行程接近终了时，柴油经喷油泵将油压提高到 10 MPa 以上，通过喷油器的高压喷射，将柴油喷入气缸，在很短时间内与压缩后的高温高压空气混合，形成可燃混合气。由于柴油机压缩终了时气缸内压力温度都很高，大大超过柴油的自燃温度，当柴油喷入气缸后，在很短时间内与高温高压空气混合后便立即自行起火燃烧。在高压气体推动下，活塞向下运动并带动曲轴旋转而做功，废气同样经排气管排入大气中。

3.1.3 发动机的基本结构

发动机是一部复杂的机器，不同类型或即使同类型发动机，其具体结构也各不相同，但基本构造相似。通常，汽油机由两大机构五大系统组成，柴油机由两大机构四大系统组成（无点火系统）。

1. 机体组

发动机的机体组包括气缸盖、气缸盖罩盖、气缸体及油底壳等，发动机结构如图3-3所示。机体作为发动机各机构、各系统的装配基体。

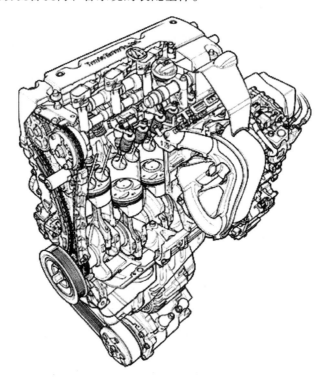

图3-3　发动机结构

2. 曲柄连杆机构

曲柄连杆机构包括活塞、连杆总成、带有飞轮的曲轴等。这是发动机借以产生动力，并将活塞的往复直线运动转变为曲轴旋转运动而输出动力的机构。

3. 配气机构

配气机构包括进气门、排气门、液力挺杆总成、凸轮轴、凸轮轴正时齿轮、气门弹簧等。其作用是使可燃混合气或新气及时充入气缸并及时从气缸排出废气。

4. 燃料供给系统

燃料供给系统的作用是根据发动机各种工况要求，配制具有一定数量和浓度的可燃混合气供入气缸，并将燃烧后生成的废气排出发动机。

5. 冷却系统

冷却系统主要包括冷却液泵、散热器、风扇、节温器、气缸体和气缸盖里铸出的水套等。其功用是散发受热机件的热到大气之中，以使发动机在最适宜的温度下工作。

6. 润滑系统

润滑系统包括油底壳、机油集滤器、机油泵、润滑油道及油管、油温和油压传感器、油标尺等。润滑系统的功用是将润滑油不断地供给做相对运动的零件以减少它们之间的摩擦阻力，减轻机件的磨损，并部分冷却摩擦零件，清洗摩擦表面。

7. 点火系统

点火系统的功用是保证按规定时刻及时点燃气缸中被压缩的可燃混合气，包括电源（蓄电池和发电机）、点火线圈、点火控制器、火花塞等。

8. 起动系统

起动系统包括起动机、冷起动加热器及其附属装置，用以使静止的发动机起动并转入自行运转。

3.2 发动机的使用与维护

3.2.1 燃料的正确选用

3.2.1.1 汽油

1. 汽油的使用性能

汽油是由石油中提炼而得到的密度小又易于挥发的液体燃料。汽油的性能主要包括：蒸发性、抗爆性、腐蚀性、清净性及化学安定性。

1）蒸发性

汽油由液态转化为气态的性质叫作汽油的蒸发性。

评定汽油蒸发性的指标是馏程和饱和蒸气压。

用石油产品馏程测定仪对 100 mL 油品蒸馏时，从初馏点到终馏点的温度范围和残留量，叫作该油品的馏程。对汽油、轻柴油是以一定馏出量（百分比）的蒸发温度等表示馏程的。汽油用 10% 蒸发温度、50% 蒸发温度、90% 蒸发温度、终馏点和残留量来表示。

在规定的条件下，油品在要求的试验仪器中气液两相达到平衡时，液面蒸气所产生的最大压力，叫作饱和蒸气压。汽油的饱和蒸气压越大，其蒸发性能越好。

馏程是限制不高于某温度，是保证汽油具有良好的蒸发性，保证发动机正常工作；而饱和蒸气压是限制不大于某值防止汽油供给系统产生气阻和汽油蒸气排放。

汽油蒸发性的大小影响发动机正常工作。蒸发性越好，越容易汽化，易形成良好的混合气，发动机容易起动，加速性能好，降低油耗及排放。但当温度较高时，蒸发性过高的汽油易在油路中蒸发形成气阻，会造成加速性差、易熄火等现象。当温度较低时，蒸发性过低的汽油会有一部分不能蒸发燃烧而滞留在气缸壁上，不仅使燃油消耗量增加，而且会稀释润滑油，导致气缸磨损加剧，影响发动机寿命。

2）抗爆性

汽油抗爆性是表示汽油在汽油机燃烧室中燃烧时防止爆燃的能力。爆燃是一种非正常燃烧，与发动机温度、压缩比、燃油特性等有关，在压缩行程终了时产生。它将造成发动机过热、排气冒烟、功率下降、油耗增加，并伴有明显的敲缸声（异响），甚至损坏机件。

汽油的抗爆性评价指标是辛烷值。按照试验条件，辛烷值分为马达法辛烷值和研究法辛烷值两种。马达法辛烷值是在苛刻试验条件下所测得的辛烷值。例如，发动机转速较高，混合气温度较高，点火提前角较大等。马达法辛烷值缩写为 MON（Motor Octane Number）。

研究法辛烷值是在缓和条件下所测得的辛烷值。例如，发动机转速较低，对混合气温度不限值，点火提前角较小等。研究法辛烷值缩写为 RON（Research Octane Number）。

辛烷值表示异辛烷（C_8H_{18}）在汽油混合物中的容积百分比，其值最大为100。辛烷值高，汽油抗爆性好；反之，汽油抗爆性差。由于未经处理的直馏汽油抗爆性低，因此，需要加入抗爆剂。目前从环保考虑，汽油普遍添加无铅的添加剂（甲基叔丁基醚、三乙基丁醚、三戊基甲醚、醇类等）。

压缩比高的发动机选用辛烷值高的汽油，反之选用辛烷值低的汽油。

3）腐蚀性

汽油对储油容器和机件应无腐蚀。

评定汽油腐蚀性的指标是硫含量、酸度、钢片腐蚀试验、水溶性酸或碱。

4）清净性

汽油的清净性用汽油中含有机械杂质和水分的多少表示。

评定汽油清净性的指标是机械杂质和水分。汽油中不应含有机械杂质和水分。

机械杂质会使喷油器堵塞，机械杂质进入燃烧室会使燃烧室沉积物增加，加速气缸、活塞环的磨损。水分混入汽油中，会加速汽油的氧化，能与汽油中的低分子有机酸生成酸性水溶液，腐蚀零件。汽油中含有水分，低温时易结冰而堵塞油路。

5）化学安定性

汽油的化学安定性是指汽油在储存、运输、加注和其他作业时抵抗氧化生胶的能力。化学安定性不好的汽油，容易发生氧化反应，形成胶质和酸性物质，使得汽油泵、喷油器堵塞；气门积炭，关闭不严；火花塞积炭，点火不良；发动机过热等故障。

2. 汽油的正确选用

日常生活中选用汽油，我们只需考虑汽油的辛烷值，也就是汽油的标号。辛烷值越高，抗爆性越好。选择汽油时可以根据说明书的要求，考虑发动机的压缩比来选择合适的标号，如表3-1所示。一般的车，使用说明书上会标明，同时在油箱门的内侧会标有此车应该采用的燃油标号。

表3-1 汽油标号选择

压缩比	车用无铅汽油标号			
	90#	93#	95#	97#
7.5~8.0	√	√		
8.0~8.5		√	√	
8.5~9.0			√	
9.0~9.5				√
9.5~10.0				√
10.0 以上				√

结论：加油的原则就是就高不就低，就是说应该加93号汽油的车，也可以加97号汽油，但应加97号汽油的汽车最好不要加93号或更低标号的汽油。

你的车是应该加高标号汽油，由于某种原因实在找不到要求标号的汽油时，可以少加低标号的汽油以临时救急，不会对发动机造成伤害。

小建议：

（1）对于长期使用的发动机，一般发动机多少会有一些积炭，使得压缩比提高；水套积垢，发动机过热。为了防止爆燃导致的动力性下降，应该适当选用高一牌号汽油。

（2）不要使用长期存放变质的汽油，否则会造成汽油泵的损坏。

（3）不同牌号的油，不能混放，不要用塑料桶装汽油。

（4）发动机应该避免在少油状态下运转，因为油箱油位太低，可能导致油泵烧坏。建议在亮灯之前油表还有两个格（剩一个格会亮灯）的时候就加油。

3.2.1.2 柴油

柴油一般分为轻柴油、重柴油和军用柴油，车用柴油采用轻柴油。

1. 柴油的使用性能

要求车用柴油要有良好的蒸发性和雾化性，良好的低温流动性，良好的燃烧性，良好的安定性和抗腐蚀性。

1）低温流动性

柴油的低温流动性是指柴油在低温条件下具有一定的流动状态的性能。

评定柴油低温流动性的指标是黏度、凝点、浊点和冷滤点等。

黏度：是很重要的使用性能指标，油品在标准的黏度范围内，才能保证燃油的供给及雾化，保证对燃油系统零部件良好的润滑性。

凝点：对柴油冷却，冷却到液面不能移动的最高温度，叫作凝点。

浊点：对柴油冷却，开始析出石蜡晶体，使柴油失去透明时的最高温度，叫作浊点。

冷滤点：在规定的试验条件下（模拟发动机工作情况确定的，近似于实际使用条件），试油不能以20 mL/min的流量通过一定规格过滤器的最高温度，叫作冷滤点。

2）雾化和蒸发性

为了保证柴油机的动力性和经济性，要求柴油具有较好的雾化和蒸发性。蒸发性好，柴油机起动性能就好，燃烧完全，不易稀释润滑油，油耗较低，积炭少，排烟较少；如果蒸发性过高，会影响储运及使用安全性，发动机工作容易粗暴。柴油的蒸发性用馏程和闪点两个指标表示。

馏程：柴油馏程测定方法与汽油基本相同，测定项目有50％、90％和95％馏出温度。

50％馏出温度越低，说明柴油中轻质馏分越多，柴油机容易起动。90％和95％馏出温度越低，说明柴油中的重质馏分越少，燃烧越完全。

闪点：在一定试验条件下加热后，当油料蒸气与周围空气形成的混合气接近火焰时，开始发出闪火的温度。为了控制柴油的蒸发性不致过强，保证安全性，国家标准规定了各号轻柴油的闪点的最低数值。

3）燃烧性

柴油的燃烧性是指其自燃能力。

柴油的燃烧性可用十六烷值评定。柴油机的转速越高，燃烧速度越快，对十六烷值要求就越高，一般 1 000 r/min 以下的柴油机，应使用十六烷值为 35～40 的柴油；1 000～1 500 r/min 的柴油机，应使用十六烷值为 40～45 的柴油；1 500 r/min 以上的柴油机，应使用十六烷值为 45～60 的柴油。另外，十六烷值越高，汽车就越容易起动。但十六烷值也不宜过高，否则柴油的低温流动性、雾化和蒸发等均受到影响，致使燃烧不完全，降低发动机功率，增加油耗。一般选用十六烷值为 40～50 的柴油，国家标准规定轻柴油十六烷值不小于 45。

4）腐蚀性

柴油不能有大的腐蚀性，否则会造成发动机的磨损，减少发动机使用寿命。可用硫含量、硫醇硫含量、酸度、铜片腐蚀、水溶性酸或碱等指标评定。

5）清洁性

柴油的清洁性用灰分、水分和机械杂质等指标评定。灰分是柴油中不能燃烧的矿物质，呈粒状、坚硬，是造成气缸壁与活塞环磨损的重要原因之一。柴油中的机械杂质会造成供油系统零件的卡死，喷油器喷孔的堵塞。水分会降低柴油发热量，冬季结冰堵塞油路，并增加硫化物对零件腐蚀作用，还能溶解可溶性的盐类，使灰分增大。

6）安定性

柴油的安定性是指其在运输、储存和使用过程中保持颜色、组成和使用性能不变的能力。用总不溶物、碘值、10% 蒸余物残炭和实际胶质评定。其中碘值是在规定条件下与 100 g 油品起反应时所消耗的碘的克数。从测得的碘值的大小可以说明油品中的不饱和烃含量的多少，不饱和烃越多，碘值就越高，油品安定性越差。总不溶物 10% 蒸余物残炭和实际胶质含量越大，安定性越差。

2. 柴油的牌号及规格

柴油的牌号在我国是按照轻柴油的凝点温度进行编号的，国家标准规定轻柴油的十六烷值不小于 45。

按凝点分为 10 号、5 号、0 号、-10 号、-20 号、-35 号、-50 号。

3. 柴油的正确选用

柴油车使用者应按照季节（气温）的变化，依照当地不同季节可能出现的最低环境温度选择适当牌号的柴油。车用柴油牌号的选用应以使用环境的最低气温高于柴油冷滤点为原则。通常引入 10% 风险率，即当地的最低气温的天数，一般是三天的最低温度，要比所选用的柴油凝点低 4℃～6℃，不同牌号的柴油使用的温度范围如表 3-2 所示。

表 3-2 不同牌号的柴油使用的温度范围

牌号	使用的温度范围
10	有预热装置的高速柴油机
5	当地风险率 10% 最低温度在 9℃ 以上的地区
0	当地风险率 10% 最低温度在 4℃ 以上的地区
-10	当地风险率 10% 最低温度在 -4℃ 以上的地区
-20	当地风险率 10% 最低温度在 -14℃ 以上的地区
-35	当地风险率 10% 最低温度在 -29℃ 以上的地区
-50	当地风险率 10% 最低温度在 -44℃ 以上的地区

（1）柴油加入油箱前要充分沉淀（不少于48 h）。

（2）不同牌号的车用柴油可以掺兑使用。尤其是东北地区的秋季，注意按照温度的变化及时换牌号，油箱原有的和新添加的低牌号柴油可以适当掺兑使用。

（3）严寒的冬季车辆不能起动时，可以采用起动燃料帮助起动。

3.2.1.3 其他燃料及能源

其他燃料及能源主要包括：天然气、甲醇（乙醇）、氢气、电能。

1. 天然气

天然气简写为NG（Natural Gas），主要成分是甲烷（CH_4），占85%~95%。天然气按其来源有气、油田伴生气和煤成气等。其作为燃料具有辛烷值高、混合均匀、燃烧积炭少、不冲刷缸壁油膜等特点。

目前应用较多的是：压缩天然气—汽油两用燃料汽车，简称CNG汽车。车用压缩天然气的压力一般在20 mPa左右。可将天然气，经过脱水、脱硫净化处理后，经多级加压制得，其使用时的状态为气体。

天然气汽车的主要优缺点：

（1）天然气汽车是清洁燃料汽车。

天然气汽车的排放污染大大低于以汽油为燃料的汽车，尾气中不含硫化物和铅，一氧化碳降低80%，碳氢化合物降低60%，氮氧化合物降低70%。

（2）天然气汽车有显著的经济效益：

①可降低汽车营运成本。目前天然气的价格比汽油和柴油低得多，燃料费用一般节省50%左右，使营运成本大幅降低。

②可节省维修费用。发动机使用天然气做燃料，运行平稳、噪声低、不积炭，能延长发动机使用寿命，不需经常更换机油和火花塞，可节约50%以上的维修费用。

（3）CNG汽车的动力性略有降低。燃用天然气时，动力性略下降5%~15%。

2. 甲醇（乙醇）等醇类燃料

1）甲醇

甲醇作为汽车燃料可单独使用，也可与汽油混合使用。甲醇是含氧燃料，氧含量为50%，甲醇本身的热值为汽油的一半，但进入发动机的甲醇混合气同汽油和空气的混合气相比热值相差无几；甲醇的辛烷值高达116，抗爆性好，可提高发动机压缩比，从而提高发动机的动力性；甲醇是液体燃料，方便储运，方便加注，不需另建一套能源加注系统，也基本不需要改变现有的内燃机制造工艺。

甲醇汽车也存在如下需要改进的方面：冷起动技术的改进，甲醇蒸发时吸热量较大，蒸发困难，目前可以做到-25℃以上温度的顺利起动；甲醇汽车需要单独的润滑油，否则起动后短时间发动机磨损严重；甲醇对一些零部件有腐蚀作用。

2）乙醇

辛烷值高，抗爆性好；乙醇含氧量高达34.7%。在汽油中含10%的乙醇，含氧量就能达到3.5%。车用乙醇汽油的使用可有效地降低汽车尾气排放，乙醇汽油（汽油中乙醇含量为15%）比纯车用无铅汽油碳烃排量下降16.2%，一氧化碳排量下降30%。

汽车用乙醇汽油的不足：乙醇的热值是常规车用汽油的60%，若汽车不做任何改动就使用含乙醇10%的混合汽油时，发动机的油耗会增加5%；乙醇的汽化潜热大，理论空燃比下的蒸发温度大于常规汽油。影响混合气的形成及燃烧速度，导致汽车动力性、经济性及冷起动性的下降，不利于汽车的加速性。乙醇在燃烧过程中会产生乙酸，对汽车金属特别是铜有腐蚀作用。易对汽车的密封橡胶及其他合成非金属材料产生轻微的腐蚀、溶胀、软化或龟裂作用。

3. 氢气

氢气可以燃烧，而且它在地球上的蕴藏量极为丰富，是一种极有前途的能源。氢气用作汽车燃料具有热值高、热效率高、排气污染小、发动机磨损小等特点。用氢气作燃料存在的主要问题是生产成本极高，而且携带和储存非常困难。因此氢气目前尚难用作汽车代用燃料，仅是一种未来可用的燃料。

4. 电能

电动汽车有蓄电池式、燃料电池式及太阳能电池式三种形式。

（1）车用蓄电池主要有氢镍电池、微电子控制蓄电池及电动汽车用蓄电池（如钠硫电池、燃料电池）等。

（2）车用燃料电池可将氢气、天然气、煤炭、燃油及甲烷的化学能直接转变为电能。

（3）太阳能电池能够将太阳的辐射能直接转变为电能。太阳能电池目前存在的主要问题是效率低及成本过高。

用电能作为代用燃料的汽车称为电动汽车，是目前世界各国都在致力开发的一种前途广阔的汽车。影响电动汽车发展的主要问题是电池，必须找到一种容量高，循环次数多而价格又不昂贵的电池，电动汽车才能真正发展起来。

3.2.2 发动机润滑油的选用、检查与更换

1. 发动机润滑油的使用性能

（1）润滑性：机油的润滑性是指机油吸附在零件工作表面，形成一定强度的油膜，减小摩擦面相对运动的阻力和防止摩擦面金属靠近、接触。机油这种在零件工作表面形成吸附油膜的能力叫作润滑性或油性。

（2）低温操作性：机油具有适宜的黏度和流动性，保证发动机在低温条件下容易起动和可靠供油的性能，叫作发动机润滑油的低温操作性。

（3）黏温性：机油黏度随温度变化而改变的性质，叫作黏温性。

（4）清净分散性：机油能抑制积炭、漆膜和油泥生成或将这些沉积物清除的性能，叫作发动机润滑油的清净分散性。

（5）抗氧性：在一定的条件下，机油抵抗氧化变质的能力，叫作发动机润滑油的抗氧性。

（6）抗腐性：机油抵抗腐蚀性物质对金属腐蚀的能力叫作发动机润滑油的抗腐性。

（7）抗泡性：机油消除泡沫的性质，叫作发动机润滑油的抗泡性。

2. 发动机润滑油的分类、规格和牌号

我国发动机润滑油采用API（美国石油学会）性能分类法和SAE（美国工程师学会）黏度分类法。

（1）API性能分类：API性能分类是根据产品特性、使用场合和使用对象确定的。机油牌号中第一个字母S表示汽油机油，C表示柴油机油。

目前，我国汽油机采用的有：SC、SD、SE、SF、SG、SH、SJ、SL、SM、SN。柴油机采用的有：CC、CD、CE、CF-4、CG-4、CH-4、CI-4、CJ-4。

（2）SAE黏度分类：按SAE黏度分类，冬季用发动机润滑油包括0W、5W、10W、15W、20W和25W六个黏度等级；春、夏及秋季用发动机润滑油包括20、30、40、50和60五个黏度等级。

一汽自主品牌车辆常用的润滑油：

柴油机油CH-4（15W-40、10W-40、5W-40）、CF-4（5W-40、10W-40、15W-40）。

汽油机油SM、SL（5W-30、10W-30、5W-20、5W-40）。

3. 发动机润滑油的正确选择

质量等级的选择需要考虑：发动机工作负荷、热负荷、排放水平、匹配的后处理装置等及其他（柴油机长期在高温高速条件下工作、路况差或柴油质量差，特别是重载长距离行驶时）。

黏度级别的选择需要考虑：环境温度、发动机负荷。

1）汽油机润滑油的选择

发动机润滑油黏度等级与使用环境温度范围的参考值如表3-3所示。

表3-3 发动机润滑油黏度等级与使用环境温度范围的参考值

黏度等级	使用环境温度/℃	黏度等级	使用环境温度/℃
5W	-30~-10	5W/30	-30~30
10W	-25~-5	10W/30	-25~30
20W	-10~30	10W/40	-25~40
30W	0~30	15W/40	-20~40
40W	10~50	20W/40	-15~40

2）柴油机润滑油的选择

可根据柴油机的强化系数确定柴油机润滑油的质量等级，然后根据汽车使用地区的气候确定润滑油的黏度级别。

柴油机强化系数代表其热负荷和机械负荷。

3）天然气汽车润滑油的选择

单燃料天然气汽车由于其发动机燃料的特殊性，对润滑油的抗氧化能力、清净分散性、灰分、抗硝化能力、热稳定性、抗磨损、抗擦伤性能等提出更高的要求，因此天然气发动机应采用专用润滑油。

4）发动机润滑油的使用注意事项

同一个级别的国内外润滑油使用效果一致。

级别低的润滑油不能用于高性能发动机，以防润滑不足，造成磨损加剧。

增压发动机必须使用比自然吸气发动机更高级别的机油。因为涡轮增压发动机气缸的工作温度和工作压力更高，负荷更大。

在保证润滑条件下，为了减小摩擦阻力，优选黏度低的润滑油。

保持正常油位，常检查，勤加油。

不同牌号的润滑油不可混用。

注意识别伪劣润滑油。

定期更换润滑油并及时更换润滑油滤芯。

特殊要求：经常短途使用、低温使用、风沙大的地方或季节需要加大换油保养或更换机油滤清器。

注意：

在下述情况下，发动机容易产生积炭：

（1）采用了劣质机油，如胶质含量过高（>5 mg/100 mL）或其中缺少活性添加剂以及添加了劣质添加剂的机油。

（2）空气质量状况差，灰尘大。

（3）经常短距离行驶，如果行驶距离太短，车还没有热就停车了。

（4）行车中换挡点总提前，尤其是在冬季冷车状态下，也易形成积炭。

积炭对发动机的影响：

（1）积炭会吸收汽油，被吸收的汽油再被烧成胶碳形成更厚的积炭。

（2）发动机产生积炭会造成燃烧室容积减小、炽热点火现象，产生爆震，动力性下降。发动机过热，导致活塞烧顶、缸垫损坏等故障。

（3）胶质和积炭较轻时，会导致冷起动困难，发动机气门或液力挺柱异响，热车后工作会正常；当积炭进一步加重，发动机有明显的敲击声，更严重者胶质将气门与座圈或导管黏死，导致发动机无法起动。

清除积炭的方法：

建议采用在油箱中添加有机清洁剂，没有不良副作用，但是速度较慢。也可以每行驶20 000 ~ 30 000 km后对发动机进行免拆清洗。

注意：免拆清洗后，必须以较高的车速（80 km/h以上）行驶20 km以上，使融化的胶质和积炭在高温下燃烧从尾气排出。否则，会使得气门被胶质粘连，即粘气门现象。

4. 检查发动机机油油面高度

建议一周检查一次，检查时应该满足以下检查条件：

（1）温度不低于60℃。

（2）车停在水平面上，发动机停转后等几分钟，机油回到油底壳内拔出机油标尺，用干净布擦干净后再插回原处，再次拔出机油标尺，读出油位。

（3）机油标尺上的标记区如图3-4所示：

a——不可再加机油。

b——可加注机油，加油后油位可达a区。

c——必须加注机油，加油后油位达到a区。

任务：机油油面要保持在a区。

5. 更换发动机机油

厂家更换建议：自然吸气的汽车，7 500 km（或半年）更换机油；涡轮增压的汽车，5 000 km（或半年）更换机油。如果采用的是全合成机油也可以10 000 km（或一年）更换。

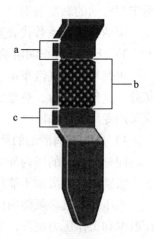

图3-4 机油标尺上的标记区

更换过程：在热车（水温80℃以上）状态下，拧下机油加注盖，然后举升车辆；拧松发动机放油螺塞，用容器收集，松开放油螺塞；可以在放掉大部分后，用专用工具拆下滤清器；油放净后，清洁放油口及放油螺塞后拧紧螺塞。放下车辆，按标准油量加注新油，装回加油盖；等机油流回油底壳后，通过机油标尺检查加注量。起动发动机，检查机油滤清器、放油螺塞等部位是否有漏油现象。等热车后，再次检查油位，没有泄漏，正常即可交车。

3.2.3 发动机冷却液的选用、检查与更换

1. 发动机冷却液的技术要求

（1）低冰点：通常冷却液的冰点要低于使用环境最低温度10℃左右。

（2）高沸点。

（3）对金属的腐蚀要小，不损坏橡胶制品，不损坏汽车有机涂料。

（4）化学安定性好。

（5）适宜的pH值：一般要求在7.5～11.0。

（6）抗泡沫性好。

（7）蒸发损失小。

2. 冷却液的类型

冷却液的种类主要有：酒精—水型、甘油—水型及乙二醇—水型等。

乙二醇型冷却液的优点是沸点高，蒸发损失小；冰点低；热容量大，冷却效率高；黏度小，流动性好。缺点是有毒性，对金属有腐蚀作用，并对橡胶有轻度的侵蚀。由于其优点突出，目前防冻冷却液多属乙二醇型，其中多加有防腐剂和染色剂，可长期使用。

乙二醇—水型发动机冷却液分为-25、-35、-45三种牌号。其冰点分别为-25℃、-35℃及-45℃，具有防冻、防腐、防沸及防垢等性能，属长效冷却液，四季通用。冷却液冰点与成分的关系如表3-4所示。

表3-4 冷却液冰点与成分的关系

冰点/℃	酒精—水	甘油—水	乙二醇—水
	酒精含量/%	甘油含量/%	乙二醇含量/%
-5	11.27	21	—
-10	19.54	32	28.4
-15	25.46	43	32.8
-20	30.65	51	38.5
-25	35.09	58	45.3
-30	40.56	64	47.8
-35	48.15	69	50.9
-40	55.11	73	54.7
-45	62.39	76	57.0
-50	70.06	—	59.0

3. 冷却液的正确使用

(1) 首先应选择符合国家标准要求的产品。
(2) 冷却液冰点要比使用地区的最低温度至少要低10℃。
(3) 不同品牌冷却液不可混用。
(4) 发现冷却液缺少时,应及时给予补充。
(5) 冷却系统在灌注新冷却液时,必须把冷却系统清洗干净。
(6) 冷却液应四季使用。
(7) 定期更换冷却液(可以视情况1~2年更换,也可以行驶40 000 km更换)。

4. 检查冷却液

冷却液浓度的检测必须使用专用检测仪器;一汽大众特约服务站采用的冷却液浓度专用测试仪通常有两种:一种是冷却液测试仪——V146.5,类似于一种吸管;另一种是折射计,如图3-5所示,该仪器可直接测量防冻液浓度和对应防冻温度。检测前应让发动机先运转10~20 min,使得冷却液混合均匀再进行测量,以避免测量误差。

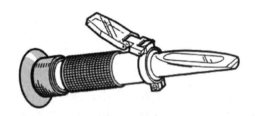

图3-5 折射计

冷却液浓度不得低于40%,切不可超过60%,否则会降低防冻能力。

3.2.4 发动机的维护

1. 蓄电池的检查

蓄电池是汽车的供电站,汽车行驶中的用电是来自发电机和蓄电池,尤其是在起动过程中,全部靠蓄电池供电。

大多数车采用的蓄电池都是完全免维护蓄电池。一般检查电量、连接、端子腐蚀、端子是否松动等情况。

正常维护检查项目:

(1) 电瓶在车上是否固定好,电瓶外壳表面是否有磕碰伤。电瓶固定座螺栓拧紧力矩22 N·m,如果松动会引起振动缩短电瓶寿命,引起电瓶壳体损坏,降低安全性。
(2) 电瓶极线是否连接紧固。
(3) 电瓶极柱是否有缺损。
(4) 通过电瓶上的电眼检查电瓶电容量,电眼显示:绿区为合格,黑色表示亏电,白色表示电瓶已损坏需要更换(电瓶状态所对应的具体颜色,请参见电瓶上的说明)。
(5) 使用寿命:一般2~3年,最长可达到5年。

2. 传动皮带的检查

在发动机前端有数根皮带,不同结构的发动机略有不同。在发动机上,通过皮带传动驱动辅助机构一般有:空调压缩机、动力转向油泵、交流发电机等。如果皮带发生了问题,例如断裂了或者出现了打滑，都将使相关的辅助机构丧失功能，或使其性能下降，从而影响到汽车的正常使用。

皮带的检查方法：首先检查皮带的张力，可以用拇指强力地按压 2 个皮带轮中间的皮带。按压力约为 10 kg 左右，如果皮带的压下量在 10 mm 左右，则认为皮带张力恰好合适；如果压下量过大，则认为皮带的张力不足；如果皮带几乎不出现压下量，则认为皮带的张力过大。张力不足时，皮带很容易出现打滑，张力过大时，很容易损伤各种辅助机构的轴承，为此，应该把相关的调整螺母或螺栓拧松，把皮带的张力调整到最佳状态。

除此之外，还必须注意传动皮带的整个外围是否有磨损、裂纹、层离或者其他损坏，以及检查皮带以确保其已正确地安装在皮带轮槽内。

3. 曲轴箱通风系统的检查

发动机曲轴箱通风装置的作用是：防止机油变质，防止曲轴油封、曲轴箱衬垫渗漏，防止各种油蒸气污染大气。

曲轴箱通风系统最主要的部件是 PCV 阀（Positive Crankcase Ventilation——曲轴箱强制通风的缩写），其作用是利用进气歧管的负压控制进入曲轴箱的新鲜空气量和进入进气歧管的曲轴箱废气量，保证曲轴箱压力保持在规定的范围之内。老式车或价格低一些的车通常有一根真空软管安装在发动机气门室罩盖与节气门后的进气歧管之间，在保养时需要做 PCV 阀的检查，新式的或高级别的车采用油气分离器和硬塑料构件，PCV 阀就不需要检查。但是，曲轴箱通风系统油气分离器也有被脏堵的现象，或由于是硬塑料构件本身时间久了并在高温的工作状态下机械性能降低造成的局部变形，从而造成曲轴箱强制通风系统出现故障。

PCV 阀的检查：使发动机怠速运转，用拇指和食指捏紧 PCV 阀软管检查工作声音，如果捏紧的一瞬间听到啪的响一声，说明 PCV 工作正常，同时也要检查软管是否有裂纹或者损坏。

4. 火花塞的检查

汽油发动机在工作中，火花塞把点火线圈产生的高压电引入气缸，在电极间产生火花点燃可燃混合气。火花塞电极的间隙影响到火花的能量，电极间隙过小和过大，都会影响到发动机的工作性能（起动困难、动力不足）。因此，火花塞间隙必须合适，一般为 0.7 ~ 1.1 mm。

（1）前期准备：用吸尘设备和压缩空气清除火花塞孔处的杂物和灰尘。

（2）拆卸火花塞：对于有高压导线的车型，依次拆下火花塞上的高压导线。大多数车的高压导线都有缸号标注，如果没有标记，需要在拆下高压分线时，应做好各缸的记号，以免装错。拆卸高压分线时，应该抓住高压分线末端的防尘套扭转着卸下高压导线。

对于单独点火的车型，需要拆下点火线圈和点火控制器，部分车型需要使用专用工具，建议在凉车状态下拆卸，以免引起点火线圈和点火控制器不必要的损坏。

用火花塞套筒逐一卸下各缸的火花塞，拆卸时可用一只手扶住火花塞套筒并轻压套筒，另一只手转动套筒来卸下火花塞，卸下的火花塞应按顺序排好。

（3）检查火花塞：火花塞的正常状态是绝缘体端部颜色变成灰白到淡黄色，电极呈砖红色，而且没有积炭，则表明该火花塞工作正常，燃烧良好。火花塞的间隙因车型不同而不同，可以从随车手册中查到。

（4）更换火花塞：普通火花塞更换里程 15 000 km，长效型的更换里程可以是

30 000 km，铂金的更换里程为 100 000 km。随着使用里程的增加，电极的放电部分会烧蚀，因此必须定期更换。

（5）安装火花塞：安装火花塞时，先用手抓住火花塞的尾部，对准火花塞孔，用手拧上几圈（全长的 1/2），然后再用火花塞套筒拧紧（一般拧紧力矩为 20 N·m），以免损坏螺纹孔。为使火花塞安装顺利，可以在火花塞螺纹上涂抹一点机油。

5. 燃油管路的检查

发动机在工作中，燃油是依靠燃油管路的输送才能正常工作。当汽车行驶半年或 5 000 km 的维护保养时需要检查燃油管路是否泄漏、是否有磕瘪（燃油输送不畅）等损坏现象。

检查方法：举升汽车，检查供油管、回油管、燃油蒸气管路是否泄漏，检查是否有凹痕或者其他损坏，检查软管是否扭曲、磨损、开裂、隆起等。

6. 排气管路及装置的检查

检查部位：排气管、三元催化转换器、消音器、二次空气供给系统、废气再循环系统。

（1）损坏和安装状况检查。

①检查排气管是否损坏。

②检查消音器是否损坏。

③检查排气管支架上的 O 形圈是否损坏或者脱离。

④检查垫片是否损坏。

（2）排气管渗漏检查。

通过观察接头周围是否存在任何炭黑，检查排气管连接部分是否泄漏废气。

7. 三滤器的检查与更换

一般都是按行驶里程来确定三滤器的更换时间，而且三滤器各自的更换里程也不一样。

1）空气滤清器

空气滤清器的作用是清除空气中的微粒杂质，防止灰尘进入发动机，减少发动机磨损，保持发动机最佳的工作状态。

（1）滤芯的检查和清洁。

一般在 5 000 km 保养时需要检查滤芯的污染程度并清洁。可以用压力不大于 0.4 MPa 的压缩空气由滤芯方向吹净滤芯表面的杂质和灰尘。如果没有压缩空气，可以用吸尘器将外表面的灰尘吸出。也可以轻轻拍打滤芯，去除一部分污物，再用毛刷刷净外部灰尘，同时需要清洁滤清器壳体内外。

（2）更换滤芯。

在清洁时，观察滤芯外部有无损伤、小孔等损坏，检查橡胶垫圈有无损伤。如有损坏，应更换。另外，按照厂家说明书的更换里程更换滤芯，也可以 15 000～20 000 km 更换空气滤清器滤芯。

（3）滤芯的安装。

检查空气滤清器滤芯上的橡胶密封良好并且确保其没有裂纹或者其他损坏。不能用手接触滤芯的纸质部分，尤其不能有油污。

要点：

每 12 个月或 15 000 km 清洗壳体，同时更换滤芯。

风沙较大地区，清洗和更换里程应适当提前。

2）机油滤清器

机油滤清器的作用：滤除机油中的杂物、胶质和水分，向各润滑部位输送清洁的机油。

要求：与机油一同更换。在安装新滤清器时，先将滤清器灌满新润滑油，并在滤清器油封表面涂上少许润滑油，先用手装上滤清器，待油封与结合面结合上后，再用手拧紧3/4圈。然后起动发动机，观察接合处有无漏油现象。

注意：在安装放油螺塞时，要按照厂家的要求，否则容易损伤垫圈，造成热车润滑油的滴漏。大众系列要求如下：

（1）放油螺塞拧紧力矩：

30 N·m（汽油发动机）；25 N·m（柴油发动机）。

（2）专用工具：

V.A.G 1331力矩扳手（汽油发动机）；扳手3417（柴油发动机）。

3）汽油滤清器

汽油滤清器能过滤汽油中的杂质和水分，使清洁的汽油进入发动机，保证发动机的正常工作。

根据厂家维修手册的要求里程更换。目前多数发动机上装的都是一次性不可拆洗式的纸质滤芯汽油滤清器，更换周期一般为10 000 km；如果加的汽油杂质少，15 000～20 000 km更换一个也可以。不同的厂家要求的更换里程不同，例如丰田和本田车系，要求40 000 km更换；马自达6要求50 000 km更换。

安装时看清方向标记，切勿安反。安装完毕，需起动发动机，检查滤清器管接头处是否泄漏。

汽车在下列任何一种情况下行驶，应该比推荐的间隔时间短一些：

（1）在尘土多的环境中行驶。

（2）长时间在怠速和低速的状态下行驶。

（3）长时间的在低温状态下行驶，或者经常性的短距离行驶。

模块四
传动系统的使用与维护

新手开车的时候,为什么会出现挂不上挡,或者挂挡时会有咔咔的声音呢?想让汽车顺利起步需要具备的知识有哪些?

知识点:

(1) 了解离合器的结构和工作原理。
(2) 知道离合器的正确使用方法。
(3) 知道手动变速器的正确使用方法。
(4) 知道自动变速器的正确使用方法。

技能点:

(1) 能正确使用离合器。
(2) 能正确使用手动变速器,会检查变速器油位。
(3) 能正确使用自动变速器,会检查变速器油位。

4.1 离合器的使用与维护

4.1.1 离合器

1. 离合器的功用

离合器,就是起到分离与合闭的作用,也就是起到发动机与车轮传动装置的离合作用,如图4-1所示。即当你踩下离合器时,发动机的传动装置与车轮断开,发动机的动力就不会传到车轮上以驱动汽车。当你松开离合器时,发动机的传动装置就会与车轮连上,动力传到车轮上以驱动汽车。

因此,离合器安装在发动机与变速器之间,用来分离或接合发动机与变速器之间的动力联系。其功用为:

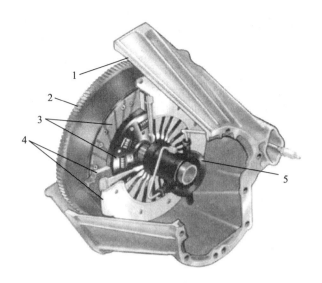

图 4-1 离合器
1—变速器壳体；2—飞轮；3—离合器片；4—压盘；5—操控机构

（1）中断发动机与变速器之间的动力传递，顺利换挡：若离合器不能彻底分离，将产生换挡困难、换挡冲击响甚至不能换挡。

（2）使汽车平稳起步：驾驶员控制离合器的接合过程，控制汽车平稳起步。

（3）防止传动系统过载：若传动系统负载过大，离合器可能打滑，从而产生因传动系统过载而产生的异常损坏。

2. 离合器的结构

目前应用最多的膜片弹簧离合器由主动部分、从动部分、压紧机构和操纵机构四部分组成。膜片弹簧离合器的构造如图 4-2 所示。

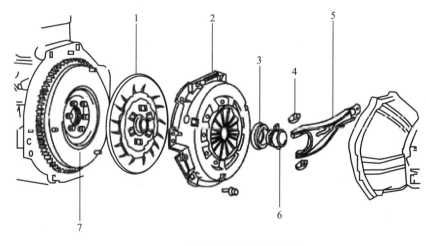

图 4-2 膜片弹簧离合器的构造
1—从动盘；2—离合器盖和压盘；3—分离轴承；4—卡环；5—分离叉；
6—分离套筒；7—飞轮

4.1.2 离合器的工作原理

离合器分为三个工作状态,即不踩下离合器的全联动、部分踩下离合器的半联动以及踩下离合器的不联动。当车辆在正常行驶时,压盘是紧紧挤靠在飞轮的摩擦片上的,此时压盘与摩擦片之间的摩擦力最大,输入轴和输出轴之间保持相对静摩擦,二者转速相同。当车辆起步时,驾驶员踩下离合器,离合器踏板的运动拉动压盘向后靠,也就是压盘与摩擦片分离,此时压盘与飞轮完全不接触,也就不存在相对摩擦。最后一种,也就是离合器的半联动状态,此时,压盘与摩擦片的摩擦力小于全联动状态。离合器压盘与飞轮上的摩擦片之间是滑动摩擦状态。飞轮的转速大于输出轴的转速,从飞轮传输出来的动力部分传递给变速箱。此时发动机与驱动轮之间相当于一种软连接状态。离合器的工作原理如图4-3所示。

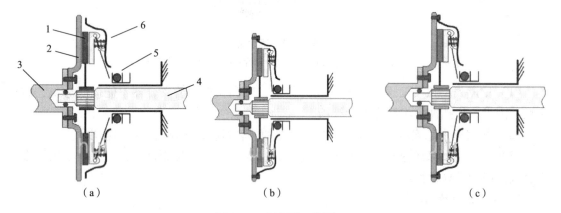

图4-3 离合器工作原理

(a) 离合器结构图(压盘未安装);(b) 离合器分离;(c) 离合器接合
1—离合器片;2—飞轮;3—曲轴;4—变速器输入轴;5—分离轴承;6—压盘总成

4.1.3 离合器的正确使用与检查

日常使用过程中,分别在汽车起步时、坡道起步时、换挡时需要用到离合器。我们最直接的操作对象就是离合器踏板。因此,接下来了解离合器在以下几种情况的正确使用方法和技巧。

1. 汽车起步

汽车起步时需要有一定的半联动时间,以保证起步的平顺。汽车在起步的时候,需要踩下离合器,断开发动机与变速器的连接,当挂上一挡后,应放慢脚下动作,使离合器圆滑地接合起来,车辆平稳起步。

2. 坡道起步

坡道起步需要较高的半联动技巧。半联动可以消除发动机转速与车轮之间的转速差,也就是说可以有在动力已经传递到车轮上,但车轮并不运转的情况出现,这种情况常常发生在坡道。在坡道起步时会拉起手刹,然后让离合器处于半联动状态,车辆保持静止,车辆向后滑行的重力是由发动机提供的动力来抗衡的,而离合器则负责消除这里存在的转速差。所以,此时可以让发动机转速略高,并采用较大的半联动力度,使车辆有个向前走的趋势时,再松开手刹。继续踩下油门踏板让转速进一步提升获得足够的扭力，然后将离合器缓缓抬起将更多的动力传递给驱动轮，车辆就顺利起步了。

3. 换挡时

开车换挡时，离合器的操作是，首先，先踩下离合器踏板，随即将挡位拉出并进入新的挡位，随后再放松离合器。虽然随着现在变速箱得越来越先进，换挡不需要像以前那样还需要两脚离合器了，但是还是在踩下离合器时需要快速果断，抬起离合器时需要平稳柔和，这样对车辆行驶平稳性和离合器的寿命，乃至变速箱后续的行驶系统（比如传动轴、减速器和差速器）寿命都大有裨益。所以，离合器在平时的使用中，要注意的是：切断动力时，迅速果断；接合动力时，平稳柔和。

具体操作为：踩下离合器时，一般都踩下迅速，并且一定要踩下至完全切断动力为止，而抬起离合器踏板时，一般都是先快后慢再快，也就是在离合器踏板最低到有效接合点，可以快抬，抬至快要接合时，脚下就要变缓，缓慢而稳的再继续抬起至离合器平稳接合，完全接合后就可以快抬了，一直抬完直至脚放下离合器踏板。

4.1.4 离合器的日常维护

在日常使用过程中，驾驶员避免离合器长时间处于半联动状态才能有效地保护离合器。为了避免频繁的坡道起步，用脚半踩离合器，这样能用半联动来控制车的行驶速度，也就是俗称闷着离合器走。整个过程离合器都是发生滑动摩擦的，这种长时间的滑动摩擦也会损害离合器。开车上路总喜欢把左脚放到离合器踏板上，从而导致不自觉的压下了离合器踏板，车辆长时间处于半联动状态。所有这些操作都会加速离合器片的磨损，对车辆的动力性和经济性都会造成损失。

4.2 手动变速器的使用与维护

4.2.1 手动变速器

1. 变速器的功用

（1）实现变速、变矩。

汽车发动机具有转矩变化范围小、转速高的特点，这与汽车实际的行驶状况是不相适应的。如果没有变速器而直接将发动机与驱动桥连接在一起，首先由于发动机的转矩小，不能克服汽车的行驶阻力，使汽车根本无法起步；其次假使汽车行驶起来，也会由于车速太高而不实用，甚至无法驾控。所以必须改善发动机的转矩、转速特性，使发动机的转矩增大、转速下降以适应汽车实际行驶的要求。变速器是通过不同的挡位来实现这一功能。

（2）实现倒车。

在发动机旋转方向不能改变的前提下，为了实现汽车的倒向行驶，变速器设置了倒挡。

（3）实现中断动力传递。

在发动机起动、急速运转、变速器换挡、汽车滑行和暂时停车等情况下，都需要中断发动机的动力传动，因此变速器中设有空挡。

2. 变速器的类型

根据按操纵方式不同，变速器可分为手动变速器、自动变速器和手动/自动一体变速器三种类型。

1）手动变速器

手动变速器的英文缩写为 MT，即 Manual Transmission 的缩写。它是通过驾驶员用手操纵变速杆来选定挡位，并直接操纵变速器的换挡机构进行挡位变换。

2）自动变速器

自动变速器的英文缩写为 AT，即 Automatic Transmission 的缩写。这种变速器的自动控制系统根据发动机的负荷和车速的变化情况自动地选定挡位，并进行挡位变换，即自动地改变传动比。驾驶员只需要操纵加速踏板控制车速。

3）手动/自动一体变速器

这种变速器可以自动换挡，也可以手动换挡。

3. 普通齿轮传动的基本原理

齿轮传动的基本原理如图 4-4 所示，一对齿数不同的齿轮啮合传动时可以实现变速，而且两齿轮的转速比与其齿数成反比。设主动齿轮转速为 n_1，齿数为 z_1，从动齿轮转速为 n_2，齿数为 z_2。主动齿轮（即输入轴）转速与从动齿轮（即输出轴）转速之比值称为传动比，用字母 i_{12} 表示，即由齿轮 1 传到齿轮 2 的传动比。

$$i_{12} = n_1/n_2 = z_2/z_1$$

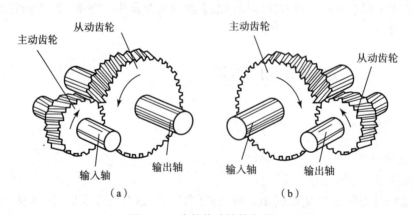

图 4-4 齿轮传动的基本原理
(a) 减速传动；(b) 增速传动

当小齿轮为主动齿轮，带动大齿轮转动时，输出转速降低，即 $n_2 < n_1$，称为减速传动，此时传动比 $i > 1$，如图 4-4（a）所示；当大齿轮驱动小齿轮时，输出转速升高，即 $n_2 > n_1$，称为增速传动，传动比 $i < 1$，如图 4-4（b）所示，这就是齿轮传动的变速原理。汽车变速器就是根据这一原理利用若干大小不同的齿轮副传动而实现变速的。

4. 手动变速器的结构

手动变速器包括变速传动机构和操纵机构两大部分。变速传动机构的主要作用是改变转矩的大小和方向，操纵机构的作用是实现换挡。

两轴式变速器用于发动机前置前轮驱动的汽车，一般与前驱动桥合称为变速驱动桥。前置发动机有纵向布置和横向布置两种形式，与其配用的两轴式变速器也有两种不同的结构形式。

1）发动机纵向布置的两轴式变速器

发动机纵向布置的两轴式变速器传动示意图如图4-5所示。发动机纵置时主减速器采用一对锥齿轮。

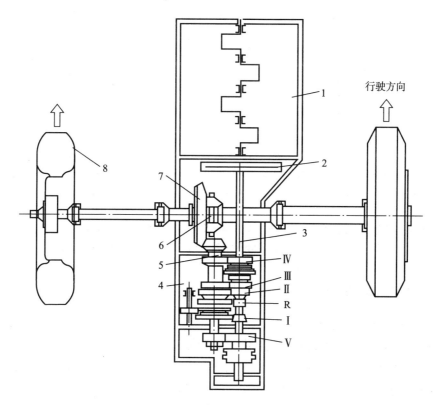

图4-5 发动机纵向布置的两轴式变速器传动示意图

1—纵置发动机；2—离合器；3—变速器输入轴；4—变速器；5—变速器输出轴（主减速器主动锥齿轮）；
6—差速器；7—主减速器从动锥齿轮；8—前轮；
Ⅰ、Ⅱ、Ⅲ、Ⅳ、Ⅴ—1、2、3、4、5挡齿轮；R—倒挡齿轮

该变速器的变速传动机构有输入轴和输出轴，二轴平行布置，输入轴也是离合器的从动轴，输出轴也是主减速器的主动锥齿轮轴。该变速器具有五个前进挡和一个倒挡。

2）发动机横向布置的两轴式变速器

发动机横向布置的两轴式变速器主减速器采用一对圆柱齿轮，如一汽丰田的威驰轿车。

发动机横向布置的两轴式变速器的变速传动机构如图4-6所示。

变速器的动力传递主要依靠两根相互平行的轴（输入轴和输出轴）完成。此外，还有一根比较短的倒挡轴（图中未给出）以帮助汽车倒向行驶。该变速器具有五个前进挡和一个倒挡。

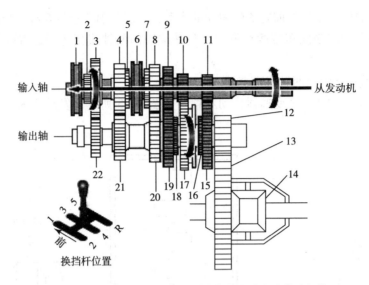

图4-6 发动机横向布置的两轴式变速器变速传动机构

1—5挡同步器的接合套；2—5挡接合齿圈；3—5挡主动齿轮；4—4挡主动齿轮；5—4挡接合齿圈；6—3、4挡同步器的接合套；7—3挡接合齿圈；8—3挡主动齿轮；9—2挡主动齿轮；10—倒挡主动齿轮；11—1挡主动齿轮；12—主减速器主动齿轮；13—主减速器从动齿轮；14—差速器；15—1挡从动齿轮；16—1挡接合齿圈；17—1、2挡同步器的接合套及倒挡从动齿轮；18—2挡接合齿圈；19—2挡从动齿轮；20—3挡从动齿轮；21—4挡从动齿轮；22—5挡从动齿轮

4.2.2 手动变速器的正确使用及齿轮油的选用

1. 手动变速器的正确使用

轿车手动变速器大多为4挡或5挡有级式齿轮传动变速器，并且通常带同步器，换挡方便，噪声小。但如果使用或维护不当的话，则会造成早期损坏，因此手动变速器使用或维护时应注意以下几点：

（1）换挡前应将离合器踩到底，操纵变速杆时动作要轻快、准确、柔和，不可用力过猛，也不要硬拉硬推，使齿轮发响，以免变速器操纵机构受损。行驶中，不要长时间将手放在变速杆上，否则会造成变速器换挡拨叉过早磨损。

（2）挂倒挡时要在汽车停止状态下进行，有些车还需要压缩倒挡弹簧或提起倒挡提钮；同样在倒车后，要使车辆前进，也应将车停稳。

（3）运行中换挡必须选好换挡时机，增挡前，应首先进行汽车加速（即冲车），当车速升高到一定值时，及时挂入高速挡；降挡时，当车速降到一定值时，才可挂入低速挡。在确保安全情况下，应尽量使用高速挡，以减轻机件的磨损和降低油耗，并且根据路面及交通情况及时调整车速。

（4）严禁在空挡熄火状态下强行挂挡起动发动机，或在车速太低时挂入高速挡以及车速过高时换到低速挡，以免损坏变速器内运动组件和发动机。

小经验： 在超车时，根据车速和行驶状况，看是否需要降1挡，因为高挡位往往不能使发动机有较高转速和较高动力输出，为了减少与被超车并行的时间，应该以尽快的车速超过去。

2. 齿轮油的选用

车辆齿轮油主要用于变速器、分动器、主减速器和转向机等传动机件摩擦处。车辆齿轮油在齿轮传动中的主要作用是减少摩擦、降低磨损、冷却零部件,同时还可以起到缓冲振动、减少冲击、降低噪声、防止锈蚀以及清洗摩擦表面的作用。

1) 车辆齿轮油的使用性能

(1) 润滑性和低温操作性:为使车辆齿轮油的润滑性和低温操作性良好,应具有适当的黏度和良好的黏温性。适宜的黏度,不仅要能形成良好的润滑,同时要求配合提高传动效率,具有良好的燃油经济性,减少由于油品黏度随温度变化后造成的磨损和能量消耗等问题。

(2) 极压性:齿轮油要求能在较高的负荷下还能保持有足够厚的油膜,所以汽车齿轮油中一般都加有极压抗磨添加剂,它是在摩擦副表面发生化学反应,生成较硬的反应膜,防止齿轮表面的擦伤、胶合、磨损。

(3) 热氧化安定性:齿轮油抵抗高温条件下氧化作用的能力,叫作热氧化安定性。由于汽车主减速器使用的齿轮油工作温度较高,齿轮油的氧化倾向增大,加之齿轮箱中金属的催化作用,容易使齿轮油的使用性能变坏。因此,要求齿轮油在较高温度下不易氧化变质,车辆齿轮油应具有良好的热氧化安定性。

(4) 抗腐性和防锈性:在车辆齿轮传动装置的工作条件下,齿轮油防止齿轮、轴承腐蚀和生锈的能力叫作抗腐性和防锈性。

(5) 抗泡性:齿轮的运转必造成油品的搅动,在这样的情况下,油品的泡沫性差则会造成油品外溢等现象,间接造成油品的不断损失,润滑不良的后果。

(6) 抗乳化性能:变速箱或驱动桥在运行的过程中由于温度的变化以及密封件的影响,会有冷凝水或其他杂质的侵入,在这类情况下,油品的乳化往往会造成油品提前变质、润滑效果变差以及金属部件锈蚀等不良后果,因此要求油品要有良好的抗乳化性能以对抗水分等的影响。

2) 车辆齿轮油的分类

汽车齿轮油也是按 SAE 黏度和 API 使用性能来分级的。

SAE 黏度分类:美国汽车工程师协会(SAE)于 2005 年发布的车辆齿轮油黏度分类标准 SAE J306—2005,是 SAE 迄今为止最新的车辆齿轮油黏度分类标准版本,其具体内容如表 4-1 所示。

表 4-1 SAE J306—2005 车辆齿轮油黏度等级分类

黏度等级	最高温度(低温黏度为 150 Pa·s)/℃	运动黏度(100℃)/(mm²·s⁻¹)	
		最小	最大
70 W	-55	4.1	
75 W	-40	4.1	
80 W	-26	7.0	
85 W	-12	11.0	
80		7.0	11.0

续表

黏度等级	最高温度（低温黏度为 150 Pa·s）/℃	运动黏度（100℃）/（mm²·s⁻¹）	
		最小	最大
85		11.0	13.5
90		13.5	18.5
110		18.5	24.0
140		24.0	32.5
190		32.5	41.0
250		41.0	

API 使用性能分类：我国汽车齿轮油 API 使用性能分类共有三级，即普通汽车齿轮油（GL-3）、中负荷汽车齿轮油（GL-4）和重负荷汽车齿轮油（GL-5），后两种通常又称为双曲线齿轮油。GL 为美国石油协会 API 对车辆齿轮油的质量进行评价的等级标准，数字越大，级别越高。

3）车辆齿轮油的选用

（1）选择黏度等级：根据环境温度、运行条件及运行状况等。75 W、80 W、85 W、90 W 分别对应 -40℃、-20℃、-12℃、-10℃ 的温度。对于高温天气，一般地区 90 号可满足要求，天气特别热的地区或负荷特别重的地区选用 140 号齿轮油。

90 代表 -10℃ 以上地区全年通用；140 代表炎热夏季用油；80 W-90 代表 -30℃ 以上地区全年通用；85 W-90 代表 -20℃ 以上地区全年通用；85 W-140 代表 -20℃ 以上地区全年通用。

为减少用油级别，在汽车各传动装置对齿轮油使用性能级别要求相差不太大的情况下，可选用同一级使用性能的齿轮油。

（2）性能级别低的齿轮油不可以代替高级别的齿轮油使用。例如将普通齿轮油加入双曲面齿轮驱动桥中，将使齿轮很快地磨损和损坏；性能级较高的齿轮油可以用在要求较低的车辆上，但过多降级在使用经济上不合算。

（3）使用黏度牌号过高的齿轮油，将使燃料消耗显著增加，特别是对高速轿车影响更大，应尽可能使用合适的低级齿轮油。

4）手动变速器油的检查

每 7 500 km 检查手动变速器油面。

（1）油量的检查拧下油位检查孔螺塞，通过手指探触检查油位是否达到油位检查孔边的刻度 0~5 mm。如果油量不足，应补充齿轮油，直到齿轮油从油位检查孔向外溢出为止。

（2）油质的检查：主要是检查颜色是否正常，是否变黑，用食指和拇指捻磨油滴，看是否有杂质，同时感受黏度是否正常。

5）手动变速器油的更换

根据厂家说明书要求的里程更换，一般轿车采用 GL-4、GL-5，行驶 5 W~6 Wkm 应进行更换。

也有些厂家手册上介绍终生不用更换手动变速器油,建议家庭用车如果需要更换手动变速器油,尽量使用 API75W-90 的 GL-4、GL-5 的全合成型齿轮油。

4.3 自动变速器的使用与维护

自 1939 年美国通用汽车公司首次在轿车上使用自动变速器以来,自动变速器很快得到了发展,特别是随着电子技术和电脑在汽车上的应用,自动变速器进入了迅速发展的崭新时期。

4.3.1 自动变速器的结构与工作原理

1. 分类

按照自动变速器的结构与控制方式的不同,自动变速器可以分为机械式自动变速器、电控液力式自动变速器、无级自动变速器和直接换挡式自动变速器(DCT/DSG)。

机械式自动变速器:机械式自动变速器即 AMT,它是在原有手动变速器的基础上增加了电子控制系统,来自动控制离合器的接合、分离和变速器挡位变换。由于保持了原来的机械结构,因此传动效率高、结构紧凑、工作可靠等齿轮传动的优点被继承了下来。我国自主品牌奇瑞旗下的 QQ 的自动变速器就采用了这种结构,而且它在重型汽车上的应用也有很好的前景。

电控液力自动变速器:是当前应用最为广泛,也是技术较为成熟的一种自动变速器,有行星齿轮自动变速器和平行轴齿轮自动变速器之分。平行轴齿轮自动变速器在本田等车系中应用较为广泛,但我们平时最常遇到的还是行星齿轮自动变速器。电控液力自动变速器如图 4-7 所示。

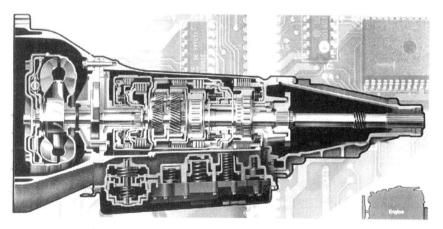

图 4-7 电控液力自动变速器

无级自动变速器(CVT):自动变速器 CVT(Continuously Variable Transmission)技术即微机变速技术,采用传动带和工作直径可变的主、从动轮相互配合传递动力。由于 CVT 可以实现传动比的连续改变,从而得到传动系统与发动机工况的最佳匹配,提高了整车的燃油经济性和动力性,也进一步改善了驾驶员的操纵方便性和乘员的乘坐舒适性,所以它是理想的汽车动力传动装置。CVT 一般由变速箱、电子控制系统、液压控制系统和换挡控制机构组成，无极变速器解剖图如图4-8所示。目前，在汽车工业较为发达的国家和地区，自动变速器已经得到了广泛的应用；在我国，在奥迪等高端品牌汽车上也有很好的应用。

图4-8　无级变速器解剖图

直接换挡式自动变速器（DCT/DSG）：在双离合器式自动变速器（Double Clutch Transmission，简称DCT）中，变速器各挡位主动齿轮按奇、偶数挡位分别与输入轴上设置的两个离合器连接，离合器1、2交替传递工作动力以实现挡位切换，双离合器的结构如图4-9所示。DCT工作时，车辆先以某个挡位运行，车辆自动变速器电控单元根据相关传感器的信号判断即将进入工作的下一挡位，因该挡位还未传递动力，故令指液压控制电磁阀十分方便地控制换挡执行机构，预先啮合这一挡位，在车辆运行达到换挡点时，只需要将正在工作的离合器分离，同时将另一个离合器接合，则使汽车以下一个挡位行驶。在换挡过程中，发动机的动力始终不断地被传递到车轮，所以这样完成的换挡过程为动力换挡。车辆实现了动

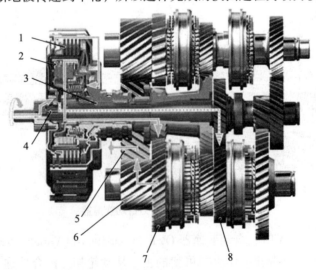

图4-9　双离合器的结构

1—离合器1（分离）；2—离合器2（接合）；3—输出轴2；4—输入轴1；
5—差速器；6—输出到差速器；7—2挡当前挡位；8—3挡下一挡位

力换挡过程,将极大地提高换挡舒适性,同时也保证车辆具有良好的经济性,使车辆油耗和排放等方面有所改善。双离合器式自动变速器所采用的离合器有干式离合器和湿式离合器两种,且目前都已经有产品问世,一汽大众迈腾采用6速湿式双离合器,高尔夫6采用7速干式双离合器。

2. 基本组成

这里以电控液力式自动变速器为例给大家介绍一下自动变速器的基本组成,电控液力自动变速器主要由液力变矩器、机械变速器、液压控制系统、电子控制系统和冷却滤油装置等五大部分组成。

液力变矩器:主要由泵轮、涡轮和导轮组成,是一个通过自动变速器油(Automatic Transmission Fluid,简称ATF)传递动力的装置,如图4-10所示。

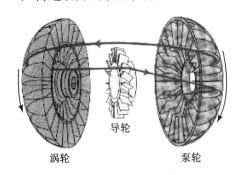

图4-10 液力变矩器

机械变速器:行星齿轮机构组成了机械变速器,不同的运动状态组合可以得到不同的速比,实现不同的挡位。

液压控制系统:液压控制系统是由油泵、各种控制阀以及与之相连通的液压换挡执行元件(如离合器、制动器等)组成的液压控制回路。在汽车的行驶过程中,根据驾驶员的要求和行驶条件的需要,通过控制离合器和制动器等的工作状况来实现机械变速器的换挡。

电子控制系统:电子控制系统可以将自动变速器的各种控制信号输入电子控制单元(Electronic Control Unit,简称ECU),经ECU处理后发出控制指令控制液压系统中的各种电磁阀实现自动换挡,并改善换挡性能。

冷却滤油装置:ATF在自动变速器工作过程中会因为零部件间的冲击、摩擦产生热量,并吸收齿轮传动过程中所产生的热量,从而油温升高。油温升高将导致ATF黏度下降,传动效率降低,因此,必须对ATF进行冷却。ATF是通过油冷却器、冷却水或者空气进行热量交换的。自动变速器工作中各部件磨损产生的机械杂质,由滤油器从油中过滤分离出去,以减少机械磨损,防止堵塞液压油路,也防止控制阀卡滞。

3. 自动变速器的工作原理

电控液力自动变速器是通过各种传感器,将发动机曲轴转速、节气门开度、车速、发动机水温、ATF油温等参数信号输入ECU,然后ECU再根据这些信号,按照设定的换挡规律,向换挡电磁阀和油压电磁阀等发出动作控制信号;换挡电磁阀和油压电磁阀再将ECU的动作控制信号转变为液压控制信号,阀体中的各控制阀根据这些控制信号控制换挡执行元件的动作,从而实现自动换挡。

4.3.2 自动变速器的正确使用与检查

1. 自动变速器的正确使用

1) 自动变速器选挡操纵手柄的使用

自动变速器的选挡操纵手柄一般都有 P、R、N、D、2、L（或1）六个挡位供驾驶员操作选择。

P——驻车挡。当选挡操纵手柄拨到 P 挡位置时，自动变速器中的停车锁止机构（机械机构）将变速器的输出轴锁止，使驱动轮不能转动，从而防止汽车移动。

R——倒车挡。当选挡操纵手柄拨到 R 挡位置时，换挡执行机构将接通自动变速器倒挡，汽车驱动轮反转而实现倒退行驶。

N——空挡。当选挡操纵手柄拨到 N 挡位置时，换挡执行机构使自动变速器处于空挡状态，发动机的动力虽然能够经过输入轴传到变速器，但是各行星齿轮机构只是空转，变速器不输出动力。

D——前进挡。当选挡操纵手柄拨到 D 挡位置时，大部分轿车的自动变速器可以获得四个或四个以上不同的传动比传递动力。在汽车行驶过程中，选挡操纵手柄位于 D 挡位置时，自动变速器的控制系统（液压控制系统或电子控制系统）将根据汽车速度、节气门开度等信号参数，按照与设定的换挡规律自动变换挡位，汽车可以以不同车速向前行驶。汽车在道路条件良好的情况下行驶时，选挡操纵手柄应当拨到 D 挡位置。

2——前进低挡或高速发动机制动挡。当选挡操纵手柄拨到 2 挡位置时，自动变速器的控制系统（液压控制系统或电子控制系统）将限制前进挡的变化范围，只能接通一、二挡的油路，自动变速器只能在一、二挡之间变换挡位，无法升入更高挡位，使汽车具有足够的驱动力稳定的上坡，下坡时可利用发动机制动，故称为高速发动机制动挡。

L（或1）——前进低挡或低速发动机制动挡。当选挡操纵手柄拨到 L（或1）位置时，自动变速器的控制系统（液压控制系统或电子控制系统）只能接通 1 挡油路，自动变速器只能在 1 挡行驶，无法升入高挡。因此，当选挡操纵手柄拨到 L（或1）位置时，可以获得比选挡操纵手柄拨到 2 位置更强的发动机制动效果，故又称为低速发动机制动挡。此挡位适用于汽车在山区、上坡或下坡行驶，使汽车具有足够的驱动力稳定的上坡，下坡时可以利用发动机进行制动。

而手自一体式变速器则是在 P、R、N、D 之外设有手动换挡模式，有的用 M 表示，如马自达6和奔腾汽车，并在其上下分别设置了 +、- 挡位，自动变速器选挡操纵手柄如图 4-11 所示，供驾驶员在变速器允许的范围内手动加减挡位，犹如驾驶手动挡汽车。

有些自动挡汽车设置有 S 挡位置，选挡操纵手柄处于该位置时，汽车进入运动模式，发动机将不考虑经济性的问题，时刻为汽车提供强大的动力。

有些自动挡的车为了方便驾驶员换挡，在方向盘后方加装了换挡拨片。换挡拨片的使用方法是：选择手动模式（通常是

图 4-11 自动变速器选挡操纵手柄

一个按钮),然后将换挡杆推至 D 挡位置,再通过拨片加减挡。即先将换挡杆置于手动模式,然后在发动机转速适合时利用拨片换挡自由切换理想挡位。

目前较常见的换挡拨片位置是置于方向内圆弧的左右两侧,如图 4-12 所示。其两个换挡拨片的功能是一样的,并不是一个增挡、一个减挡;而是利用食指和中指向驾驶员方向抬是增挡,向方向盘方向利用拇指下压是减挡。有了换挡拨片,当车辆以 D 挡行车时,驾驶员可随时用手指对变速箱进行人工强制换挡,这种操作在需要急加速超车时尤其好用。当驾驶员左手连续降挡,发动机转速一下子攀升上来,足够的动力迅速超越前方慢车,这就是换挡拨片为驾驶员带来的轻松而快意的驾驭激情。不过在 D 挡情况下,停止一段时间不用手挡后,变速箱将恢复到自动模式。想要真正实现手动模式,就尝试一下 S 挡模式下完全由人工控制的手动模式,只要你的换挡拨片不发出换挡指令,变速箱是不会强制换挡的。

图 4-12 自动变速器换挡拨片

2)自动变速器汽车驾驶时的注意事项

汽车起动:起动汽车时选挡操纵手柄必须停放在 P 或 N 位置。汽车在停放状态下起动,必须拉紧驻车制动,踩下制动踏板,然后旋转点火开关起动发动机。

汽车起步:发动机起动后需停留几秒钟再挂挡行车。换挡时必须查看换挡杆位置或仪表盘上挡位指示是否准确。选定挡位后,放松驻车制动再慢慢放松制动踏板,使汽车起步。

拖车时注意事项:使用自动变速器的汽车,拖车时必须将换挡杆置于 N 挡,低速行驶(不得超过 50 km/h),每次被牵引距离不得超过 50 km,否则自动变速器内的旋转件会因为缺乏润滑而烧蚀并发生卡滞。遇特殊情况,必须牵引时,需要支起驱动车轮或拆去传动轴。

临时停车:在等交通信号临时停车时,换挡杆停在 D 挡位,只需用脚制动防止汽车蠕动,这样放松制动就可以重新起步。

注意:①不要在 N 挡位置上行驶,高速滑行时车速高但发动机怠速运转,油泵出油量减少,高速运转的输出轴上的所有零件会由于润滑不足而烧坏。

②低速挡属于发动机强制制动挡,不宜长期使用。

③选挡操纵手柄在 P、D、R 之间转换时必须等汽车完全停止后,否则会引起多片离合

器、制动器损坏，或者停车锁止机构机械损伤。

省油小建议：

（1）起步时，轻踩加速踏板，循序渐进地均匀提速。

（2）在堵车时，如果停车时间超过 5 min，最好熄火，挂入 P 挡位，既环保又能省油。

（3）如果使用 D 挡位爬坡，在上坡前猛踩加速踏板提速。如果感觉动力不够强劲，就应该立即换到低速挡爬坡。

2. ATF 油

ATF 油可以通过动力控制系统传递压力，传递运动；通过液力变矩器将发动机的动力传递给变速器；将变速器中的热量带出传递给冷却介质；清洁运动零件并起密封作用；润滑轴承、齿轮和离合器等。

ATF 油的特性主要包括黏度、氧化安定性、防腐防锈性、抗泡沫性、抗磨性、剪切稳定性以及密封材料适应性等。

ATF 的牌号及选用：不同汽车品牌选用的 ATF 油不同。例如，一汽大众宝来选用 VW ATF（G052 – 162）；广州本田飞度选用 ATF – Z1；一汽丰田皇冠选用 ATFT – Ⅳ 等（详见各车型的维修手册）。

1) ATF 油位检查

一般行驶 1.5 万 km 或使用一年时间需要检查 ATF 油位。

检查 ATF 油位的条件，不同厂家的具体要求不同，一般需要达到一定温度（20℃ ~ 80℃），将车辆停放在水平路面上，发动机怠速运转，换挡杆放在 P 挡位，再将自动变速器的操纵手柄在各挡位轮换停留短时间，使油液充满液力器和所有元件。此时抽出油标尺擦净后重新插入再拔出检查，油面应达到油标尺上规定的刻度范围。

注意：油标尺上的冷态范围（Cool）用于常温下的检测，热态范围（Hot）用于热车检测，一般认为热态范围更准确一些。

2) 更换 ATF 油

ATF 油的更换周期是以行驶公里数或使用时间为准，若在车辆使用手册中同时给出了这两个指标，则哪一项指标先到就先执行。如果车辆使用手册未标明自动变速器的换油时间，则按照 40 000 ~ 50 000 km 的里程来更换。也有终身不换油的变速器，但是建议根据变速器油的质量来考虑换油。

小经验：

（1）洗车时，不能用高压水直接冲洗变速箱及周边电气元件，防止水从通气孔进入自动变速箱内部，造成内部元件损坏。

（2）遭受水淹的自动挡车辆，应及时到自动变速箱专业维修中心，对变速箱内部进行清理与维护，防止内部以及电气元件的损伤和锈蚀。

模块五

汽车转向系统和制动系统的使用与维护

需要掌握哪些知识和技巧才能安全平顺地驾驶车辆?

知识点:

(1) 了解转向系统的结构和工作原理。
(2) 了解制动系统的结构和工作原理。
(3) 掌握转向系统的正确使用方法。
(4) 掌握制动系统的正确使用方法。

技能点:

(1) 能正确操纵转向系统。
(2) 能正确操纵制动系统。
(3) 会维护转向系统。
(4) 会维护制动系统。

5.1 汽车转向系统的使用与维护

汽车在行驶中,经常需要改变行驶方向,并且汽车直线行驶时,转向轮也会受到路面侧向干扰力自动偏转而改变行驶方向。此时,驾驶员需利用一套机构使转向轮向相反方向偏转,从而使汽车恢复原来的行驶方向。这一套用来改变、保持或恢复汽车行驶方向的专设机构称为汽车转向系统。可见,保证转向系统的正常使用对汽车的安全有重要的意义。

5.1.1 转向机构的组成及工作过程

世界上,包括我国在内的大多数国家都规定车辆靠右侧通行,相应地将转向盘置于驾驶室左侧,使驾驶员左方视野广阔,有利于安全会车。

转向系统的发展经历了机械转向、液压助力转向、电动助力转向三个阶段。机械转向系统是依靠驾驶员操纵转向盘的转向力来实现车轮转向；动力转向系统则是在驾驶员的控制下，借助于汽车发动机产生的液体压力或电动机驱动力来实现车轮转向。采用动力转向系统，不仅大大改善了汽车操纵轻便性，还提高了汽车行驶安全性。

（1）汽车机械转向系统包括转向操纵机构、转向器和转向传动机构三个基本组成部分，具体如图 5-1 所示。

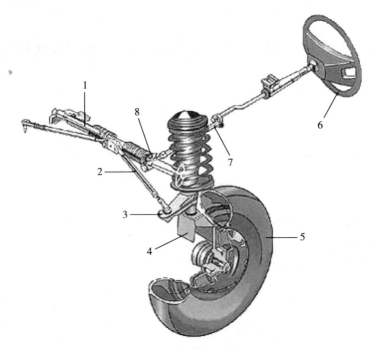

图 5-1 机械转向系统
1—转向减震器；2—转向横拉杆；3—转向节臂；4—转向节；
5—转向轮；6—转向盘；7—安全转向轴；8—机械转向器

（2）液压式动力转向系统则是由转向油泵、转向油罐、转向控制阀、动力缸、活塞等组成，如图 5-2 所示。

（3）电控机械式助力转向系统（简称 EPS）是液压式转向系统的替代产品。该系统由带有电控机械式助力转向系统电动机的转向器、转向力矩传感器和转向助力系统控制单元组成，如图 5-3 所示。具有下述优点：

①EPS 只在转向时电动机才提供助力，因而能减少燃料消耗。

②EPS 能在各种行驶工况下提供最佳助力，具有更好的低温工作性能。减轻汽车低速行驶时的转向操纵力，提高汽车高速行驶时的转向稳定性，进而提高汽车的主动安全性。

③EPS 不存在渗油问题，消除了液压助力中液压油泄漏问题，大大降低保修成本，减小对环境的污染，改善了环保性。

转向系统机械机构内安装了两个小齿轮，一个小齿轮用于将方向盘转动传递到转向横拉杆上，在此有一个转向力矩传感器探测驾驶员施加的转向力矩。另一个小齿轮将电动机驱动功率通过转向器传递到转向横拉杆上。电控机械式助力转向系统控制单元直接安装在电动机上，因此不必使用和布置导线。该控制单元通过转向角传感器得到方向盘位置和驾驶员转动

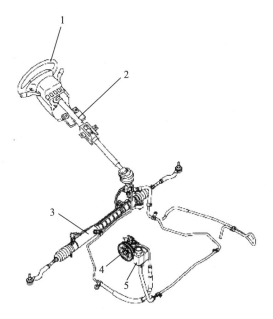

图 5-2 液压式动力转向系统

1—方向盘；2—转向传动轴；3—转向机和拉杆机构；4—动力转向油泵；5—转向油罐

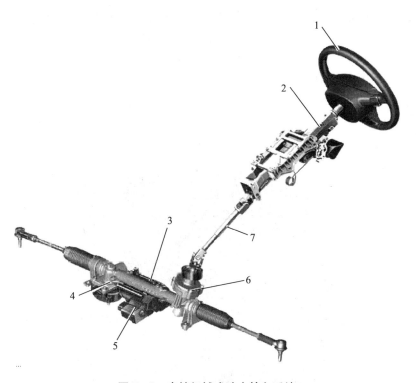

图 5-3 电控机械式助力转向系统

1—方向盘；2—转向柱；3—电控机械助力转向系电动机 V137；4—转向器；
5—转向助力系统控制单元 J500；6—转向扭矩传感器 J269；7—十字万向传动轴

方向盘的速度。该传感器直接通过传动系统 CAN 数据总线提供数据，这些数据也用于进行 EPS 调节等。动力转向工作原理如图 5-4 所示。

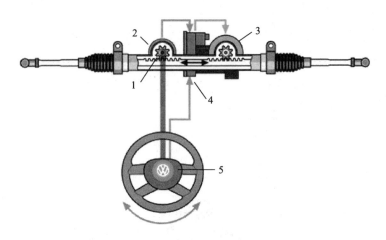

图5-4 动力转向工作原理

1—转向小齿轮;2—转向扭矩传感器;3—电动机;4—控制单元;5—转向角度传感器

5.1.2 转向机构的正确使用及检查

1. 转向机构的正确使用

(1) 注意方向盘锁。

大多数轿车都设有方向盘锁,在停车状态下,关闭点火开关,会同时啮合方向盘锁止销,闭锁方向盘。如果想解除锁止,只要用左手轻轻地来回晃动方向盘,以解除方向盘锁对点火钥匙的压力,然后用右手顺势将点火钥匙转到点火位置就能解除。

(2) 一些高档轿车的转向柱(图5-5)是可以调整的,正确调整使驾驶员的胸部与方向盘保持25 cm的距离。若转向柱调整功能使用不当,且座椅位置不正确,发生事故时可能严重致伤驾驶员。调整转向柱后务必上推手柄,将其锁定,防止汽车行驶中转向柱自行移位。为避免发生意外事故,汽车处于静止状态时才可调整转向柱。

图5-5 转向柱

(3) 转向盘使用的正确与否直接影响到行车安全。驾驶员两手应分别位于转向盘轮缘左、右两侧,拇指向上自然伸直,并靠住转向盘轮缘,四指由外向里握住转向盘轮缘,两手臂放松自然下垂。正确使用转向盘示意图如图5-6所示。

图5-6 正确使用转向盘示意图

（4）在平直的道路上使用方向盘，两手的动作应平衡，相互配合，避免不必要的晃动，如果方向盘受路面凹凸的影响，使前轮受到冲击振动而发生偏斜时，应紧握方向盘，以免方向盘受车辆的猛烈振动而回转，击伤手指或手腕，若车头向左（右）偏斜时，应向右（左）修正方向，待车头接近回到行驶线时，再逐渐将方向盘回正，此时修正方向应少打少回，避免画龙现象，此时应牢记打回方向的原则：打多少回多少，少打少回，慢打慢回，大打大回，快打快回。

小技巧：

（1）猛打急回法。这种方法通常用于泥泞道路上车辆发生侧滑时。当车轮向右侧滑时，应立即松抬加速踏板，向右猛打一把转向盘（切忌向左转动转向盘，向左转动转向盘则会发生横滑）并抓住转向盘不放，等车尾恢复直线时，再将转向盘回正并控制好车速，千万不能让转向盘左右摆动。

（2）转缓弯的操作方法。在弯道较缓的道路上转弯时，双手在转向盘上可不改变位置，两手同时转动转向盘便能顺利通过。

（3）转急弯的操作方法。在这种弯道上转向时可采用大角度转动转向盘，双手交替操纵转向盘的方法。如右转弯时，右手拉转向盘至5时~6时（相当于时钟上指针）放开，待左手推转向盘至2时左右时，右手再经左手腕上面握住10时~11时位置拉动转向盘，左手移至6时~7时位置继续推送转向盘，如图5-7所示。

图5-7 转向盘转动方法

特别提醒：驾驶车辆时要克服一些不良操作习惯，如大转弯时将手伸进转向盘内侧转动转向盘，也就是俗称的掏轮。

2. 转向盘松动检查

按如图5-8所示的转向盘松动检查方法移动转向盘，检查转向柱轴承磨损、转向轴万向节间隙、转向盘松动和转向柱松动情况。

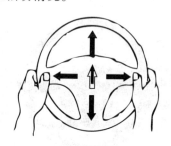

图 5-8 转向盘松动检查方法

3. 转向盘自由行程检查

转向盘自由行程是转向盘转动而转向轮不转动的角度，一般用距离表示。转向盘自由行程是无法消除的，转向系统部件存在安装配合间隙以及微小变形，最终反映为转向盘的自由行程。转向盘的自由行程会影响到驾驶舒适性和稳定性。转向盘自由行程过大，将会降低转向的灵敏性，紧急情况转向角度不足；转向盘自由行程过小，会加剧驾驶员驾驶过程的紧张程度，需要时刻保持注意力，避免因不必要操作带来的转向。

汽车每行驶 12 000 km 左右，应检查转向盘的自由行程，检查方法是：

（1）起动发动机（机械转向系统无须起动发动机）。

（2）转动转向盘使前轮处于直线行驶位置。

（3）轻轻移动转向盘，在转向轮就要开始转动时（或感觉到阻力时），使用直尺测量转向盘外缘的转动量，一般为 15~20 mm，如图 5-9 所示。

（4）如果不符合要求，应该检查转向器间隙、调整转向球头销等。

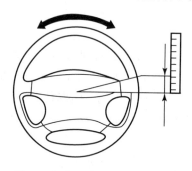

图 5-9 方向盘自由行程的测量

4. 转向器及转向传动机构的检查

1）检查转向器

（1）检查是否有润滑脂或润滑油渗漏发生。

（2）转动轮胎使方向盘向左和向右转，检查齿条护套是否有裂纹或者破损，转向器的检查如图 5-10 所示。

2）检查转向传动机构

（1）目视检查。目视检查转向传动机构是否弯曲、损坏，防尘罩是否有裂纹或破损。

（2）松动、摆动检查。用手摇晃转向传动机构，检查是否松动或摆动。

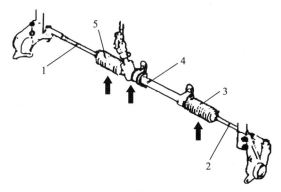

图 5-10 转向器的检查

1,2—横拉杆；3—齿条护套；4—转向器；5—齿条护套

5.1.3 助力转向油的选用与更换

一般转向器有专门的助力转向油，并且不同的车型都有不同的规定，可以参照使用说明书。如果要用其他油代替，建议用液力传动油，即 ATF 替代。

1. 液面检查

助力油液面高度会影响助力转向系统的工作，需要定期检查储液罐内助力转向油液面高度。助力转向油同时也是系统的润滑剂，因此液位过低或储液罐内无液压油时切勿行驶，否则会严重损坏转向油泵及其他零部件，还可能导致转向系统失灵。

检查前让发动机运转 2 min，将前轮摆正，关闭发动机。立刻检查油面高度，通常有两种形式的储液罐：一种是外表面带有 Max 和 Min 刻度线的，另一种是储液罐的盖带有油标尺的。无论哪种形式，都要求油面都必须在 Max 和 Min 之间。

2. 助力转向油的更换流程

1）助力转向油的排放

（1）用举升架将汽车举起。

（2）拧下助力转向油罐的盖子，拆下转向油泵回油管，然后将助力转向油排放到相应的容器中。

（3）在放助力转向油的过程中，发动机保持怠速运转，在排放助力转向油的同时，左右转动方向盘。

2）加注助力转向油与排放空气

（1）助力转向油罐内加注符合规定的助力转向油。

（2）关闭发动机，用举升架举起汽车，连续从左到右转动方向盘若干次，将转向系统中多余空气排出。

（3）检查助力转向油罐中液面高度，视需要加至 Max 标记处。

（4）降下汽车前部，起动发动机怠速运转，连续转动方向盘，注意液面高度的变化，当液面下降时就应不断加注助力转向油，直到液面停留在 Max 处，并在转动方向盘后，助力转向油罐中不再出现气泡为止。

3）更换周期

一般汽车厂家并不严格规定助力转向油的更换周期。为防止助力转向油过脏或变质，2

年或 30 000 km 更换一次助力转向油,也有建议 50 000 km 更换的。

5.1.4 汽车转向系统的新技术

1. 四轮转向系统

四轮转向（4WS，4 Wheel Steering）除了以传统的前轮转向以外将后轮也加入到转向过程中，即四轮转向。这项技术在 20 世纪 80 年代中期开始发展，其主要目的是提高汽车在高速行驶或在侧向风力作用时的操作稳定性，改善在低速下的操纵轻便性，以及减小在停车场时的转弯半径。四轮转向主要有两种方式：当后轮转向与前轮转向方向相同时称为同向位转向，主要是汽车在高速行驶时起作用，提高汽车高速变换车道的行驶稳定性；当后轮转向与前轮转向方向相反时称为逆向位转向，如图 5-11 所示，主要是在低速转弯角较大时起作用，可以有效地减小最小转弯半径，提高转向灵活程度。

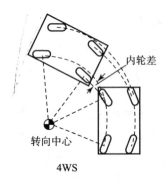

图 5-11 逆向位四轮转向

2. 泊车转向辅助系统

目前，在我国已有大众途观、大众 CC、奔驰 B200、斯柯达明锐和丰田皇冠等车型配置了此系统。

泊车转向辅助系统是大家熟知的泊车辅助系统的扩展。这种新型系统可在平行于路沿倒车入位（泊车）时为驾驶员提供帮助，这时所需要的转向运动由泊车转向辅助系统来执行，可以使汽车自动地正确停靠在位泊车。泊车转向辅助系统如图 5-12 所示。

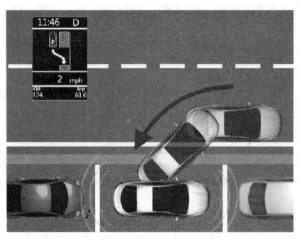

图 5-12 泊车转向辅助系统

其原理是：遍布车辆周围的雷达探头测量自身与周围物体之间的距离和角度，然后通过车载电脑计算出操作流程配合车速调整方向盘的转动，驾驶者只需要控制车速和挡位即可。

以 CC 为例，驾驶员将该系统激活后，首先是寻找停车空位。如果找到合适的停车空位，那么驾驶员还必须驾车前行，直至车辆到达一个有利于泊车的位置，挂入倒挡后，泊车转向辅助系统就接管了转向过程，驾驶员只需要操纵油门踏板、离合器踏板以及制动器踏板就可以了。

注意：

满足下列条件之一，泊车辅助系统将被关闭：

（1）在向后倒车时，驾驶员将车速提高到 7 km/h 以上。
（2）停车过程未在挂入倒车挡后的 180 s 内完成。
（3）在转向过程中，驾驶员作用在方向盘上的转向力矩大于 5 N·m。
（4）在停车过程中，倒车挡被挂入。
（5）在停车过程中，EPS 被关闭。
（6）在停车过程中，EPS 介入。
（7）在停车过程中，按下了驻车转向辅助系统按键，关闭了驻车转向辅助系统。

3. 道路偏离警示系统

车道偏离警示系统，如图 5-13 所示，是一个基于视频传感器的驾驶员辅助系统，它利用集成在后视镜附近的摄像头监控前方道路，摄像机不断监视当前的行驶状态，在车辆无意中离开当前车道的时候提出预警。系统同时会识别出车道标记线，并持续跟踪观察标记线的位置。一旦驾驶员非主动地驶离当前车道，即未打开转向灯而转换车道时，车道偏离警示系统立刻起动，并通过方向盘振动向驾驶员发出警报，提醒驾驶员及时校正车辆方向。目前，大众 CC、国外版的奔驰 E 级车等车型上都有配备，一向以安全著称的沃尔沃 XC60 上也有该配置，只不过提醒方式不同，XC60 是通过声音提醒，而非通过振动提醒。

图 5-13 车道偏离警示系统

以 CC 为例，车道偏离警示系统工作的前提条件是：

（1）最小车速：65 km/h。
（2）道路宽度：2.45 ~ 4.60 m。
（3）摄像头视野清晰。

(4) 摄像头必须能够识别出道路边界。
(5) 道路标记之间的距离：最大不超过标记本身长度的两倍。

4. 倒车影像

采用摄像头提供视频倒车辅助，倒车摄像头安装在行李厢盖上的大众徽标内，需要导航系统来显示倒车影像，辅助驾驶员完成倒车，如图 5 – 14 所示。具体操作和使用见模块七。

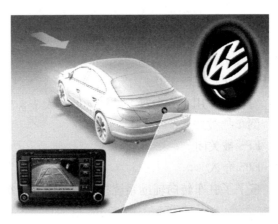

图 5 – 14　倒车影像

5.2　制动系统的使用与维护

使行驶中的汽车减速甚至停车或者使已经停下的汽车保持不动的装置称为制动系统，因此汽车制动系统是汽车非常重要的工作系统。

现代的轿车制动系统一般由串联式制动主缸形成的双回路制动系统。这样可以保证车辆在一个回路失灵时，依靠另一个回路仍能使车辆停下来，保证行车安全，但制动距离会增加。

制动系统的发展经历了常规制动系统、制动防抱死（ABS）系统、ABS 系统的功能扩展以及车辆电子稳定程序 ESP 的发展过程。现在制动防抱死（ABS）系统已经是一般车辆制动系统的标准配置，车辆电子稳定程序 ESP 是中高档车制动系统的标准配置。

5.2.1　制动装置的组成及工作过程

1. 组成

典型汽车制动系统的主要部件和子系统如图 5 – 15 所示，它主要包括行车制动和驻车制动。

每套制动装置都由产生制动作用的制动器和操纵制动器的传动结构组成。一般包括：制动踏板、真空助力器、制动主缸、储液罐、轮缸、制动器、ABS 控制单元、传感器、电磁阀等。较为完善的制动系统还有制动力调节装置以及报警装置。

2. 工作过程

制动系统工作时，由制动踏板工作带动制动助力器，助力器用驾驶员输入的力推杆移

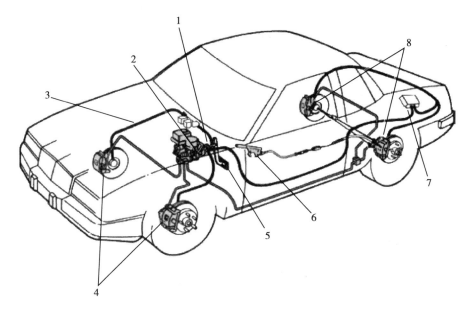

图 5-15 典型汽车制动系统的主要部件和子系统

1—液压制动助力器；2—主缸和制动液压单元；3—防抱死制动系统管路；4—前盘式制动器；
5—制动踏板；6—驻车制动操纵杆；7—防抱死制动系统电脑；8—后盘式/鼓式制动器

动，移向主缸或离开主缸。主缸活塞通过压缩制动液将机械运动转换成液压运动，并通过制动管路将制动力传递到车轮制动部分。主缸和轮缸之间的各种阀体控制流入轮缸的制动液的压力和流量。阀体虽然不能控制制动力，但可以将制动力分配到前轮和后轮。

在车轮上，液压压力被转换成机械运动，机械运动一直持续到制动机械装置的最后一部分。防抱死制动系统只有当车轮有抱死拖滑倾向时才会发挥作用，它可以通过调节液压压力来减少制动效力。

5.2.2 制动装置的正确使用及检查

1. 制动踏板的正确使用及踏板行程检查

1）制动踏板的使用

直接关系到汽车的行驶安全和乘客的舒适感。

（1）操纵制动踏板时，两手应平握转向盘，先放松加速踏板，然后用右脚掌踩在制动踏板上，以膝关节和踝关节的伸展动作踩下或放松制动踏板。

（2）使用中应尽量选择预见性制动。发现情况，在确保安全的前提下应尽量利用发动机的牵阻作用降低车速，少用制动，尽量避免使用紧急制动，从而减轻制动器的磨损。应根据不同路面的交通情况，采用不同的制动方法，以保证行车安全。

（3）对于盘式制动器的车辆，在涉水后，为了克服制动器的水衰退性，需要连续制动几次，通过摩擦热排除制动器上的水，以确保制动性能。

（4）对气压制动系统，起步前和行车中要经常从气压表上观察储气筒的压力，若气压上升过慢、停车后气压下降过快，应查明原因并加以排除以保证后方可行驶。

2）驻车制动的使用

停车后及离车前务必施加手制动,防止轿车自行移动。

(1) 机械式驻车制动分为施加手制动器和分离手制动器。施加手制动器:向上拉紧手制动手柄。分离手制动:将手制动手柄稍上提,按住手柄端部的锁止按钮,然后完全下推手柄即可分离手制动器。手制动器的使用如图 5-16 所示。

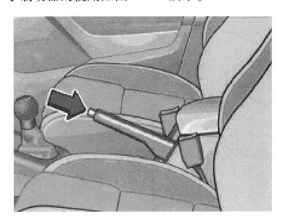

图 5-16　手制动器使用

注意:轿车切不可在施加手制动的情况下行驶,轿车行驶时切勿试图利用手制动器降低车速。因大部分车辆的手制动器只对后轮制动,不可能缩短制动距离,故极易引发事故。

轿车行驶时手制动器必须完全分离。若仅部分分离手制动器,则将导致后轮制动器过热,大大降低制动效率,极易引发事故,同时,还将导致后轮制动摩擦衬块早期磨损。

(2) 电控机械式驻车系统(简称 EPB)采用电脑控制后轮制动装置实施驻车制动。以大众电子机械驻车系统为例,该系统由驻车制动按钮、控制端、驱动电动机、机械传动机构等组成,没有传统驻车制动的拉线。电控机械式驻车制动按钮如图 5-17 所示。

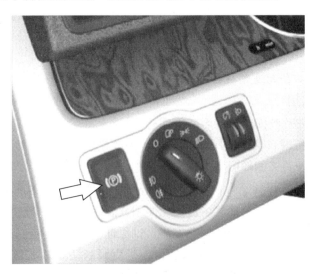

图 5-17　电控机械式驻车制动按钮

使用方法:当车辆停稳后,按下驻车制动按钮,驻车制动起作用,仪表指示灯亮起。解除制动时,需要踩下制动踏板(自动挡),按下驻车制动按钮,驻车解除。

电控机械式驻车制动器不仅仅在驻车时提供辅助，还可以实现动态紧急制动功能、动态起动功能、Auto Hold 功能。

当制动踏板有故障时，按下开关并且保持住，车辆通过 ABS/ESP 施加在四个车轮上的主动制动力实现减速。

在山路行驶时，通过它的智能操作，能够确保车辆可以安全制动并且保持一个必需的停顿。

当车辆平稳停止后，ABS/ESP 对车辆 4 个车轮自行施加制动力，驾驶员可放开制动踏板。

小经验：坡路停车不溜车

对于手动挡的车辆，如果停在坡路上，为了防止车辆溜车，需要利用挡位辅助驻车，停在上坡，除了拉紧手制动器以外，需挂入一挡；停在下坡，除了拉紧手制动器以外，需要挂入倒挡。但是需要特别注意，就是起动发动机时需要踩下离合器踏板，防止车辆窜车。

小技巧：

（1）先急后松制动方法：遇到紧急情况时，第一脚制动先急速踩下制动踏板，紧接着缓慢踩第二脚制动踏板，然后根据实际情况慢慢松抬制动踏板，再根据车速将换挡操纵手柄拨入适当挡位，配合加速踏板，恢复正常行驶。

这种制动方法的特点是：当汽车随着制动的惯性点头时，乘员必然会前俯成弓形，这时若马上松抬制动踏板，乘员随着汽车的回位惯性必然往后仰，这种前俯后仰的运动很容易使人恶心呕吐。因此，需要在汽车点头刚开始回位时补上第二脚制动，使其不能迅速回位。然后再慢慢松开制动踏板，使汽车和乘员逐渐复原，这样可以减轻由于车速的急剧变化所造成地来回摆动，不会使乘员感到难受。

（2）点制动方法：这种制动方法通常在雨天或泥泞路面上使用。点制动就是右脚轻轻地一点一点地踩制动踏板。这种制动方法可以减少由于车轮被抱死所出现的方向失控，同时可以获得较大的制动力。

（3）紧急制动法：这种制动方法用于十分紧急的情况下。制动时左手应握紧转向盘，右脚迅速将制动踏板踩到底，必要时同时拉紧驻车制动器，使车尽快停住。特别提醒：在紧急制动时，千万不要踩离合器踏板；在平时行驶中，不到十分紧急情况时，绝不得轻易使用紧急制动。

2）踏板自由行程的检查

在自由状态下，用直尺测量从驾驶室地板到制动踏板上表面的距离，并在发动机熄火状态下，踩下制动踏板数次，以消除真空助力器中的空气，然后用手指轻轻按压制动踏板，感觉有阻力时测量踏板此时位置到驾驶室地板的距离，两次所测量值之差即为制动踏板的自由行程。轿车制动踏板的自由行程一般为 3~6 mm。如果踏板自由行程不符合要求，可以松开锁止螺母，转动推杆来调整，如图 5-18 所示。松开锁止螺母，旋出推杆，自由行程减小；旋入推杆，自由行程增大。直至踏板自由行程符合要求后，将推杆螺母旋紧。

2. 制动液的选用与更换

为了保证汽车实现正常的制动效果，汽车制动液必须具有以下的使用性能：高温抗气阻性、运动黏度和润滑性、金属腐蚀性、与橡胶的配合性、稳定性、溶水性和抗氧性。

制动液的选择和使用应该参照车辆使用说明书上的规定，也可按以下原则进行选择。

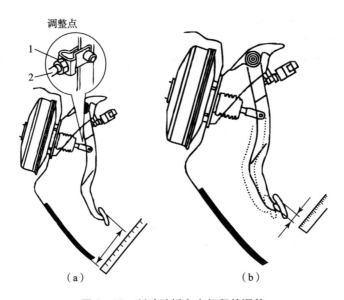

图 5-18 制动踏板自由行程的调整
(a) 踏板自由行程调整;(b) 踏板自由行程测量
1—锁止螺母;2—推杆

(1) 选用的制动液产品质量等级应等于或高于车辆制造厂家规定的制动液质量等级。
(2) 所选用的制动液产品类型应与车辆制造厂家规定的制动液产品类型相同。
(3) 尽量选择正规厂家生产的、性能稳定、质量有保证的制动液产品。
(4) 选择合成制动液。

制动液对汽车漆膜有溶解作用,更换制动液时应特别注意,如果沾染了制动液要立即清洗干净。

5.2.3 汽车制动系统的电控技术

以大众车系为例,简单介绍制动系统电控技术的发展历程,最开始是在防抱死系统(ABS——Anti Braking System)中附加电子制动力分配系统(EBD——Electronic Brake Pressure Distribution),配备 EBD 的 ABS 各车轮由于有最理想的制动力分配,可进一步缩短汽车紧急制动时的制动距离。然后是在 ABS 的基础上扩展了电子差速锁(EDS);发动机牵引力矩控制(TCS——Traction Control System),通过发动机管理系统及制动车轮,防止驱动轮空转。例如在沙石及冰面上,电子稳定程序(ESP——Electronic Stability Programe)通过有选择性的分缸制动或发动机管理系统干预,防止车辆滑移。

1. 电子稳定程序

电子稳定程序(ESP)是汽车的一种主动安全行车系统,它将相关传感器测量的数据与预先储存在控制程序中的标准技术数据进行比较,确定轿车行驶状态不稳定的程度及其原因,并自动地通过控制系统向制动装置和发动机的执行机构发出指令,使汽车始终保持安全稳定的行驶状态。即无论何时 ESP 探测到汽车有发生翻转的趋势时,该系统会有选择性地对汽车的单个车轮实施制动,必要时还会同时调整发动机输出转矩。

2. 电控液压制动

电控液压制动（EHB）系统采用线控技术，用电子制动踏板取代传统的制动踏板。通过踩电子制动踏板，踏板力大小的信号便传递到电液制动系统的电控单元，电液制动系统的电控单元便根据此信号确定输送到各制动轮缸制动力的大小。其中，电子制动踏板模块要求有较好的制动脚感，并且能监测驾驶员的制动指令。该系统具有 ESP 系统的功能，但性能更优越：优化制动时制动脚感，消除传统 ABS 制动时制动踏板的振动，减少噪声，结构紧凑，能够与未来的交通管理系统 TMS 实现网络连接。

3. 电子机械制动系统

电子机械制动系统（EMB）与常规的液压制动系统截然不同，EMB 系统去除了油压系统，由电动机产生制动力，力的大小受电子控制器的控制。EMB 系统的电子控制器根据电子踏板模块传感器的位移和速度信号，并且结合车速等其他传感器信号，向车轮制动模块的电动机发出信号，控制其电流和转子转角，进而产生所需的制动力，达到制动的目的。EMB 的优点是制动踏板能很好地适应人体工程学需求，油门和制动踏板组成了行程可调的智能化踏板模块，踏板总行程缩短，为发动机舱节约了空间。有了 EMB，大部分现在和未来所能想象到的功能均可简单地通过软件编程实现，也使未来交通管理系统的互联变得更容易。然而欲将 EMB 真正投入批量生产，尚有一系列问题需要解决。

模块六

汽车轮胎的正确使用与保养

汽车轮胎是汽车车轮总成的重要组成部分,是汽车行驶系统的重要部件。想在行车中保证安全,减小磨损并且延长轮胎有效使用里程,我们需要了解的知识有哪些?

知识点:

(1) 了解轮胎的类型和结构。
(2) 掌握轮胎的正确使用。

技能点:

(1) 会选择轮胎。
(2) 会维护轮胎。

6.1 轮胎的功用及分类

1. 功用

轮胎由橡胶制成,安装在轮辋上,并与轮辋组成车轮与地面接触,其功用是:支撑汽车及货物的总质量;保证车轮和路面的附着,以提高汽车的牵引性、制动性和通过性;与汽车悬架一同减少汽车行驶中所受到的冲击,并衰减由此而产生的振动,以保证汽车有良好的乘坐舒适性和平顺性。因此,轮胎内部必须充有气体,以具有一定的承受载荷的能力和适宜的弹性;轮胎的外部有较复杂的花纹,以提高与路面的附着性。

2. 分类

按胎体结构的不同,轮胎可分为充气轮胎和实心轮胎两种,现代汽车绝大多数采用充气轮胎。

按胎内的空气压力大小,充气轮胎可分为高压胎、低压胎和超低压胎三种。一般气压在 0.5~0.7 MPa 者为高压胎,0.15~0.45 MPa 为低压胎,0.15 MPa 以下者为超低压胎。低压胎弹性好,断面宽,接地面积大,壁薄散热好,从而提高了汽车行驶的平顺性、稳定性,同时提高了轮胎的使用寿命，所以汽车上几乎全部都使用低压胎。

轮胎按组成结构不同，可分为有内胎轮胎和无内胎轮胎两种；按胎体中帘线排列的方向不同，还可分为普通斜交胎和子午线胎。与普通斜交胎相比，子午线胎具有寿命长、在路面滚动时轴向变形小、滑移小、更耐磨、滚动阻力小、附着性能好、胎体弹性好、接地面积大等特点。

6.2 轮胎的主要尺寸及速度等级

1. 主要尺寸

轮胎的规格可用外胎直径 D、轮辋直径 d、轮胎断面宽度 B 和断面高度 H 尺寸代号表示，如图 6-1 所示。H 与 B 之比称为轮胎的高宽比（以百分比表示），即 $H/B \times 100\%$ 又称为轮胎的扁平率。轮胎的扁平率越小，说明轮胎的断面越宽，故扁平率小的轮胎称作宽断面轮胎。宽断面轮胎的优点是，因断面宽，接地面积大，接地比压小，磨损减小，滚动阻力也小，抗侧向稳定性强。因此，在相同承载能力下，宽断面轮胎较普通轮胎的直径可以减小，因此，在高速轿车上得到广泛应用。

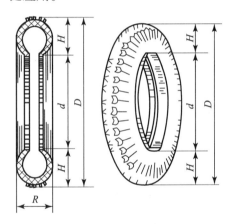

图 6-1 轮胎尺寸标记

2. 速度等级

国产子午线轮胎规格用 BRd 表示，其中 R 代表子午线轮胎。国产轿车子午线轮胎规格如图 6-2 所示。

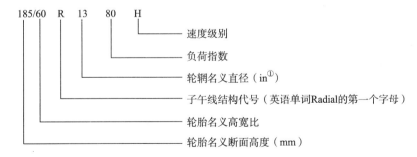

图 6-2 国产轿车子午线轮胎规格

---

① 英寸，1 in = 2.54 cm。

国标 GB 2977—2008 规定，载货汽车普通断面子午线无内胎轮胎规格用 BRd 表示。有些子午线轮胎采用在规格中加 TL 标志。例如，轮胎 195/70SR14TL，表示轮胎的断面宽度为 195 mm，扁平率为 70%，轮胎速度等级为 S 级，子午线轮胎，轮辋直径为 14 in，TL 表示无内胎轮胎。目前国产轿车均使用子午线无内胎轮胎。

近年来，汽车轮胎的性能有很大的提高，要求轮胎的速度性能和汽车的最高速度相匹配。为此，轮胎需标明其速度等级。

国际标准化组织（ISO）制定的并且已为一些国家所采用的速度符号标志（表 6 - 1）是对各种速度均给一个代号。该表规定的速度等级既适用于轿车轮胎，也适用于货车轮胎，但是它们的含义不完全相同。对于轿车轮胎（P 级到 S 级），是指不允许超过的最高速度；对于货车轮胎（F 级到 N 级），是指随负荷降低可以超过的参考速度。

我国采用了国际标准化组织规定的速度标志。根据 GB 2978—2014《轿车轮胎系列》规定，轿车轮胎采用表 6 - 1 中 L ~ H 共 10 级速度标志符号及对应的最高行驶速度。同时还要求对于不同轮辋直径的轮胎，最高行驶速度应符合表 6 - 2 的规定。

表 6 - 1 速度标致差

速度标志	速度/（km·h^{-1}）	速度标志	速度/（km·h^{-1}）
A1	5	J	100
A2	10	K	110
A3	15	L	120
A4	20	M	130
A5	25	N	140
A6	30	P	150
A7	35	Q	160
A8	40	R	170
B	50	S	180
C	60	T	190
D	65	U	200
E	70	H	210
F	80	V	240
G	90	W	270

表 6 - 2 不同轮辋直径轮胎的最高行驶速度

轮胎结构	速度级别	不同轮辋直径轮胎的最高行驶速度/（km·h^{-1}）		
		10	12	≥13
斜交轮胎	P	120	135	150
子午线轮胎	Q	135	145	160
子午线轮胎	S	150	165	180
子午线轮胎	H		195	210

6.3 轮胎的选用

对轮胎的正确选用与否直接影响到车辆的运行状态和驾驶员的安全，所以要关注轮胎的选用。

轮胎是车辆中最昂贵的易损件，在选择轮胎时一般要注意的是尺寸和胎纹的选择。常用轮胎的胎纹一般分以下几种。

（1）横沟纹：花纹结构的刚度大，花纹很深。通常适用于驱动轮，不适合安装在前轮，因为前轮会有早期磨损，使轮胎达不到使用要求。

（2）纵沟纹：能用于所有轴的位置，最适用于转向轮，此种纹的轮胎也是最普通的。

（3）特殊纵沟纹：是在纵沟纹的基础上把纹路加深，适用于前驱动车辆的前轮。它的缺点是不能在高速状态长时间行驶。

（4）越野纹：专用走泥路和雪路的车辆，不适合装在前轮位置。它的缺点是不易高速行驶。

选择轮胎最好要选择有子午线的轮胎。这种轮胎有耐磨、省油、操作稳定性好、附着力大、能高速行驶等优点，当然价格也偏贵。

6.4 轮胎的维护及正确使用

1. 轮胎的正确使用

（1）保持轮胎气压正常。

轮胎的气压是决定轮胎使用寿命和工作好坏的重要因素。轮胎气压过低，会使滚动阻力增大，燃料消耗增加。轮胎气压过高，轮胎内部压力增加，接地面积减小，使轮胎的胎冠部位向外凸起，造成胎冠磨损加剧。但是，轮胎气压略高，有利于降低行驶阻力，节约燃料。

（2）防止轮胎超载。

轮胎承受负荷的高低对使用寿命影响较大。轮胎承受的负荷较大时，使用寿命随负荷的增加而缩短。其原因是轮胎超载后，帘布和帘线应力增大，容易造成帘布与橡胶脱层和帘线松散、折断，同时因为变形加大使轮胎接地面积增加，致使轮胎胎肩磨损加剧；轮胎超载后，变形加大使轮胎温度升高，一旦遇到障碍物时极易引起轮胎爆破。

（3）合理搭配轮胎。

应同时使用型号、尺寸和花纹相同的子午线轮胎。合理搭配轮胎的目的是使整个汽车上的几条轮胎尽量磨损一致，使其有同等寿命。搭配轮胎的原则如下：装用新轮胎时，同一车轴上装配同一规格、结构、层级和花纹的轮胎；使用成色不同的轮胎时，前轮尽量使用最好的轮胎。

（4）精心驾驶车辆。

驾驶车辆技术的好坏直接影响到轮胎的使用寿命。驾驶方式不当，如急转弯、急制动、急加速和急减速以及盲目高速行驶，这些不正确或漫不经心的驾驶会使轮胎温度上升，加剧其异常磨损,急剧缩短轮胎使用寿命。避免盲目择路,由于我国部分道路条件较差,砂石、凹坑、沟槽等损坏的路面对行驶中的轮胎具有破坏作用。即使是平整的沥青、混凝土路面,经常也会出现碎石、玻璃碴等杂物,这些都是构成轮胎损坏的因素,不可忽视。

小建议:

①夏季高温行车,应防止轮胎过热和内压过高,严禁放气降压和泼水冷却,应该选择阴凉地并增加停歇时间;汽车陷入泥泞路面时,应增加附着,避免轮胎空转而打滑;冰雪路面上行驶,防滑链应该两边对称装用,到达不滑的路面时应立即拆除,避免链条对轮胎的伤害。

②另外,不要随意用轮胎去撞击较大的障碍物。如停车太急撞击人行道台阶、绕躲石块时不小心轮辋碰击石块、过大坑道时与轮辋碰擦等,都会使轮辋受到损伤,甚至损坏,影响到轮胎的气密性。

③在日常停车时,要避免将车辆停放在有粗大、尖锐或锋利石子的路面上,也不要停放在靠近或接触有石油产品、酸类物质及其他影响橡胶变质物料的地方,尽量将车停放在阴凉的地方,因为紫外线会加快轮胎橡胶老化。

(5)保持良好的底盘技术状况

轮胎的异常磨损与底盘技术状况有关,如前轮定位中的前轮外倾与前轮前束配合不当、轮毂轴承松旷、转向传动机构间隙过大、车轮不平衡、轮辋变形、悬架与车架变形或制动技术状况不良等都会引起轮胎的不正常磨损,因此保持良好的底盘技术状况对防止轮胎的不正常磨损很为关键。

2. 轮胎的维护

(1)轮胎气压及漏气检查。

在冷态下用轮胎气压表检查轮胎气压,若不符合要求,应充至规定气压以上,再放气至规定气压,如图6-3(a)所示。充气后的轮胎可通过在气门芯周围涂抹肥皂水的方法,检查气门芯处是否出现气泡从而判定轮胎是否漏气,如图6-3(b)所示。

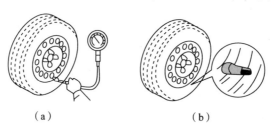

(a)　　　　　　　　(b)

图6-3　轮胎气压及漏气检查

(a)检查轮胎气压;(b)轮胎漏气的检查

(2)裂纹及损坏检查。

检查轮胎胎面和胎侧是否有裂纹、割痕或其他损坏,如图6-4(a)所示。

(3)轮胎沟槽嵌入物检查。

检查轮胎的胎面和胎壁是否嵌入金属颗粒、石子或者其他外物,如图6-4(b)所示。

(4)胎面槽纹深度检查。

使用一个轮胎深度规或游标卡尺测量轮胎的胎面槽纹的深度,同时可以通过观察轮胎表面的胎面磨耗指示标记很容易检查胎面深度。当轮胎胎面槽纹深度磨损到小于3 mm时,更换轮胎。如果轮胎胎面槽纹深度达到 1.6 mm，轮胎表面的磨损指示标记就会出现，表明需要更换，如图 6-4（c）所示。

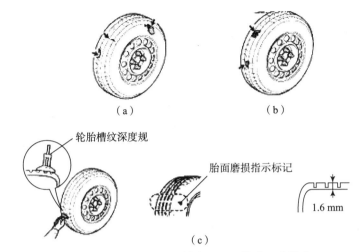

图 6-4　轮胎裂纹、沟槽嵌入物及槽纹深度检查

(a) 裂纹或者损坏检查；(b) 轮胎沟槽嵌入物检查；(c) 轮胎槽纹深度检查

（5）异常磨损检查。

检查车胎的整个外围是否有均匀磨损或者阶段磨损。异常磨损可分为双肩磨损、中间磨损、薄边磨损、单肩磨损和跟部磨损，如图 6-5 所示。

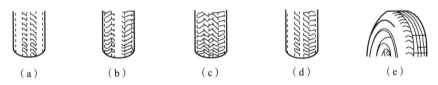

图 6-5　轮胎的异常磨损

(a) 双肩磨损；(b) 中间磨损；(c) 薄边磨损；(d) 单肩磨损；(e) 跟部磨损

（6）轮辐和轮辋检查。

检查轮辐和轮辋是否损坏、腐蚀、变形和跳动，如图 6-6 所示。

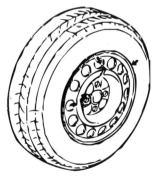

图 6-6　轮辐和轮辋的检查

（7）轮胎换位。

①按时换位可使轮胎磨损均匀，约可延长 20% 的使用寿命。在路面拱度较大的地区或

夏季，轮胎磨损差别较大，可适当增加换位次数。厂家一般推荐 8 000~10 000 km 应将轮胎换位一次。

②轮胎换位方法常用的有交叉换位法、循环换位法和单边换位法，如图 6-7 所示。

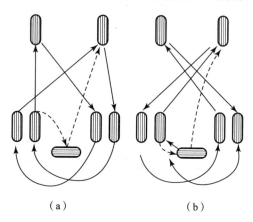

图 6-7 六轮二桥汽车轮胎换位法
(a) 循环换位；(b) 交叉换位

装用普通斜交轮胎的六轮二桥汽车，常用图 6-7 (b) 所示的交叉换位法，具体做法是：左右两交叉，主胎（后内）换前胎，前胎换帮胎（后外）、帮胎换主胎。这样，通过三次换位每只轮胎就可轮到一次担负内挡（主力）胎。

四轮二桥汽车，斜交轮胎也可采用交叉换位法，如图 6-8 (a) 所示；子午线轮胎宜用单边换位法如图 6-8 (b) 所示。

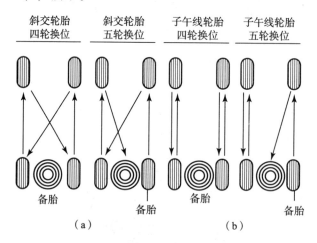

图 6-8 四轮二桥汽车轮胎换位法
(a) 交叉换位；(b) 单边换位

子午线轮胎的旋转方向应始终不变，若反向旋转，会因钢丝帘线反向变形产生振动，汽车平顺性变差，所以一些乘用车使用手册推荐单边换位法。

③轮胎换位后，应按所换的胎位要求，重新调整气压。

④轮胎换位后须做好记录，下次换位仍要按上次选定的换位方法换位。

6.5 新型轮胎

随着汽车技术和性能的不断提高，对轮胎性能的要求也越来越高。近年来，世界主要轮胎公司推出了许多各式各样的新型轮胎。

（1）智能轮胎。智能轮胎内装有计算机芯片，能够自动监测轮胎行驶温度与气压，并及时予以调整，从而使轮胎始终保持良好的使用性能，既提高了安全系数，又节约了开支。

（2）绿色轮胎。一般是指滚动阻力低（节油性好）、使用寿命长、翻新性好（减少废胎生成量）、重量轻（降低石油资源消耗）以及噪声小和防滑性能好的轮胎。

（3）超高行驶里程轮胎。保证行驶里程在 130 000 km 以上的称为超高行驶里程轮胎。米其林公司提出了终身保用轮胎，即与轿车等寿轮胎，这种轮胎的寿命可达 10 年，相当于行驶 160 000 km。

（4）零压轮胎。漏气后仍能继续安全行驶一段较长路程的轮胎称跑气保用轮胎或零压轮胎。从结构上，跑气保用轮胎可分为自封式和刚性支撑式两大类。自封式是在胎腔或密封层内预先充入足量密封剂。当轮胎遭外物刺穿后，密封剂自动流动到穿孔处，堵塞洞孔，从而维护正常行驶状态。刚性支撑式跑气保用轮胎又分为自体支撑型、加物支撑型两种。自体支撑型轮胎是在普通轮胎上增加原有的某个部件，使轮胎失压后保持行驶轮廓，如胎侧加强型、三角断面型等；加物支撑型轮胎是通过增加普通轮胎所没有的部件，达到轮胎失压后保持行驶轮廓的目的，如内支撑物型、多腔型等。

（5）仿生轮胎。仿生轮胎采用仿生学原理研制而成的大陆轮胎，其制动距离明显减小。该轮胎适用于高档车型，大陆仿生轮胎模仿对象是猫的脚掌：猫跳起再落地时，脚掌会变宽，车轮跃起再落地时，制动距离会减小。仿生轮胎就是按照这个原理由开发人员模仿研制而成的。在制动时利用后桥载荷向前桥的转移，将轮胎与地面的接触面积扩大了 10%，再加上它不对称的花纹结构，可以使车辆在直行和弯道上的制动性能大大改善。

（6）低断面轮胎。低断面轮胎能够使汽车的外观更漂亮，不仅可减小滚动阻力，降低燃油消耗，而且还可提高行驶舒适性，改善操纵性能，提高安全性。

（7）防滑轮胎。近年来，为了提高轮胎在湿滑路面上的行驶安全性，许多轮胎公司先后研究并开发出防滑轮胎。美国固特异轮胎橡胶公司的轮胎最大特点是：胎面中心有一条 V 形宽而深的纵向花纹沟，在主花纹沟两侧各有两条纵向窄花纹沟，看上去很像是并装双胎。这种构造有利于将主花纹沟积蓄的雨水排出去，从而改善轮胎湿地操纵性，延长胎面寿命。此外，它的胎面花纹为有向花纹，胎侧防滑线为一圈黑色或灰白色的齿形环。

（8）无气轮胎。车轮如果没有鼓胀的轮胎，看上去就会像老式的木轮马车的轮子。但米其林公司（Michelin）研制的 Tweel 车轮的特点的确具带有返古色彩，如图 6-9 所示。它的减振橡胶车轮轮面将压力分散到数十根具有弹性的聚亚安酯车辐上。这些辐条依次由一个铝心轴支撑。因为这

图 6-9　无气轮胎 Tweel

种车轮中没有气体，所以它比充气轮胎更坚固，不会出现爆胎的情况。这种车轮已经在 iBOT3000 独立机动系统（iBOT）机器人轮椅和军车上进行了试验，但还不会用在轿车上。米其林公司表示，这种车轮产生的噪声仍旧太大，现在尚不适合应用于汽车上。

（9）防爆轮胎。防爆轮胎学名叫缺气保用轮胎，英文缩写 RSC。充气后的轮胎胎壁是支撑车辆重量的主要部位，特别是一些扁平比（扁平比是轮胎高度与宽度的比）较大的轮胎，胎壁非常肥厚，爆胎严重时通常会导致胎壁瞬间崩溃，从而使轮胎瞬间失去支撑力，导致车辆重心立刻发生变化，特别是前轮驱动车的前轮爆胎，爆胎后瞬间的重心转移很可能会令车辆失控。

防爆轮胎最大优点是，在轮胎泄漏的情况下，即使轮胎内的空气压力完全丧失，仍然可以以 80 km/h 的车速继续行驶，而不必立即更换轮胎。

6.6 胎压检测装置

胎压监测装置就是简单一点的胎压监测系统，是利用 ABS 现成的感测功能来比较轮胎的旋转圈数，胎压不足的轮胎圆周长也变短，所以四只轮胎有一只胎压不足的话，行驶时旋转圈数便会和其他轮胎不同。不过这种方式要轮胎胎压少了好几磅才侦测出来，而且要是四只轮胎胎压一样低就很难监测到。每个人都知道维持正常的轮胎胎压对于行车的安全性、省油性都很重要，所以智能汽车便有这种胎压监测装置，自动作检查，保障行车安全。

汽车轮胎压力实时监视系统（TPMS）已经成为中国汽车电子产业的研发热点。美国法律要求从 2007 年 8 月起在美国销售的所有乘用车和轻型卡车必须安装胎压监测系统，欧洲也颁布了相应的法规。中国是汽车消费大国，相信不久将来政府也会制定类似法规。TPMS 的需求使一个新兴产业正在兴起。

TPMS 是汽车轮胎压力实时监视系统"Tire Pressure Monitoring System"的英文缩写，主要用于在汽车行驶时实时的对轮胎气压进行自动监测，对轮胎漏气和低气压进行报警，以保障行车安全，是驾驶员、乘车人的生命安全保障预警系统。

在汽车的高速行驶过程中，轮胎故障是所有驾驶员最为担心和最难预防的，也是突发交通事故的重要原因。据统计，在高速公路上发生的交通事故有 70%~80% 是由于爆胎引起的。如何防止爆胎已成为安全驾驶的一个重要课题。TPMS 是目前科学防爆和预警的有效手段之一。

TPMS 系统主要有两个部分组成：安装在汽车轮胎上的远程轮胎压力监测模块和安装在汽车驾驶台上的中央监视器（LCD/LED 显示器）。直接安装在每个轮胎里测量轮胎压力和温度模块，将测量得到的信号调制后通过高频无线电波（RF）发射出去。一辆轿车或面包车 TPMS 系统有 4 个或 5 个（包括备用胎）TPMS 监测模块，一辆卡车有 8~36 个 TPMS 监测模块。中央监视器接收 TPMS 监测模块发射的信号，将各个轮胎的压力和温度数据显示在屏幕上，供驾驶员参考。如果轮胎的压力或温度出现异常，中央监视器根据异常情况，发出报警信号，提醒驾驶员采取必要的措施。

由于汽车轮胎现在大多都是没有内胎的真空子午胎，因此，将 TPMS 的轮胎压力监测模块安装在轮胎里是十分方便和容易的，但是汽车在高速行驶时轮胎内环境和温度是十分恶劣的,压力、温度、湿度变化特别大,所以该模块的设计要按军级产品的要求来选用元器件,按工业产品的要求来制订生产工艺。

1. 胎压监测模块的组成

胎压监测模块由五个部分组成:(1)具有压力、温度、加速度、电压检测和后信号处理 ASIC 芯片组合的智能传感器 MCM(图 6-10)。(2)8~16 位单片机(MCU)。(3)RF 射频发射芯片。(4)锂亚电池。(5)天线。外壳选用高强度 ABS 塑料。所有器件、材料都要满足 -40℃ ~ +125℃ 的使用温度范围。

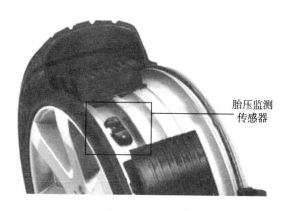

图 6-10 胎压监测传感器

2. 胎压检测的使用

当仪表板上出现胎压警报灯亮起的情况(图 6-11),说明此时胎压异常,过低或者过高了。应该尽快检查胎压,并按照规定数值进行补气或放气。

注意: 如有异物扎漏轮胎,应及时补胎。

当胎压调整好后,长按 SET 键(图 6-12),直到警报灯熄灭为止。

图 6-11 胎压监测警报灯

图 6-12 胎压监测设置键

模块七
车身及辅助系统的使用与维护

如果想正确安全地驾驶一辆新车,我们需要了解哪些车身及辅助操作系统方面的知识?

知识点:

(1) 了解车身的类型。
(2) 了解车身及其附件的基本组成。
(3) 知道空调系统的组成及工作原理。
(4) 了解安全防护装置。

技能点:

(1) 能看懂组合仪表。
(2) 能正确地使用灯光。
(3) 能正确地使用空调系统。
(4) 能正确地调节后视镜、安全带、座椅。

相关知识

汽车车身是驾驶员的工作场所,也是运载乘客和货物的场所。车身应为驾驶员提供良好的驾驶操作条件,为乘员提供舒适的乘坐条件(隔离汽车行驶时的振动、噪声、废气以及恶劣气候的影响)并保证完好无损地运载货物且装卸方便。车身结构和设备还应该能起到保证行车安全和减轻事故的作用。

车身结构包括:车身壳体、车门、车窗、前后钣制件、车身内外装饰件、座椅以及通风、暖气、空调装置等。在货车和专用汽车上还包括货厢和其他装备。

车身壳体是一切车身零部件的安装基础,通常指纵、横梁和立柱等主要承力元件以及与它们相连接的钣件共同组成的刚性空间结构,还包括在其上敷设的隔声、隔热、防振、防腐、密封等材料及涂层。其分类如下:

1. **按结构形式分类**

(1) 骨架式车身。有完整的骨架,车身蒙皮固定在骨架上。

（2）半骨架式车身。有部分骨架，各骨架可彼此相连或靠蒙皮相连。

（3）无骨架式车身。没有骨架，代替骨架的是蒙皮相互连接时形成的加强肋或板壳。

2. 按受力情况分类

（1）非承载式车身。通过橡胶软垫或弹簧与车架做柔性连接。车架是支撑全车的基体，承受着在其上所安装的各个总成的各种载荷。

（2）半承载式车身。通过焊接、铆接或螺钉与车架做刚性连接。车架仍然是承受各个总成的载荷的主要构件，但车身还在一定程度上有助于加固车架，分担车架所承受的一部分载荷。

（3）承载式（或称全承载式）车身。汽车没有车架，车身就作为发动机和底盘各总成的安装基体，车身兼有车架的作用并承受全部载荷，例如大多数轿车的车身。

汽车车身上的附属电气设备有照明与信号装置、仪表与警报装置、风窗刮水器、风窗洗涤器、玻璃升降器、暖风、空调等。

7.1 车身壳体、车门、车窗及其附件的结构与使用

7.1.1 车身壳体、车门、车窗及其附件结构

1. 轿车车身

为了省去笨重的车架而使汽车轻量化，绝大多数轿车车身都采用承载式结构，如图7-1所示。

图7-1 承载式车身

现代轿车的承载式车身前部都有副车架。在其上安装发动机、传动系统、前悬架和前轮，组合成便于装配和维修的整体。副车架与承载式车身前部的下面用弹性橡胶垫连接，以减轻振动和冲击，提高车身的乘坐舒适性。

随着汽车技术的发展，车身设计越来越多的考虑在保证强度基础上，尽量降低车身质量，以达到蓝驱环保的要求；同时得益于金属材料上的进步，以热成型钢板为代表的高强度钢其强度达到普通钢板的8倍左右，其强度达到1 000 MPa以上。一汽大众从2006开始，在其新车型的承载式车身上，引入多种不同强度的钢板焊接组合，形成特定变强度车身，包括四门两盖的普通钢板，连接件的高强度钢板，承载部位的特高强度钢板以及由极高强度钢板构成的

A柱、B柱、车身中部前后连接件组成的乘员保护空间。这样一旦遇到事故，车身会按照设计师预设的区域逐级变形，确保事故后成员的安全及施救的方便（安全法规要求车身一定变形范围内，车门要便于开启，确保施救方便）。高尔夫嘉旅的承载式车身如图7-2所示。

图7-2　高尔夫嘉旅承载式车身

例如第五代产品如速腾、开迪开始使用热成型钢板和板材间的激光焊接技术，第六代高尔夫、迈腾将热成型钢板比重进一步增加。

第七代高尔夫更是采用不等厚度钢板及摆动式激光焊接技术，一块钢板或一个零件其不同部位厚度不同；加之摆动式激光焊接技术，即不同钢板之间焊接时，采用高热的激光焊，将两块金属板熔合变成一块，为进一步提高焊缝强度，激光头按正弦曲线轨迹行进，这样进一步在保证车身强度的前提下，大幅降低车身重量，提高了车辆动力性、经济性，降低了油耗、排放等。

新迈腾B8的2016款车型的承载式车身壳体，热成型钢板使用量由上一代的15%提高到27%，如图7-3所示。

图7-3　承载式车身壳体

非承载式车身的前钣制件不是焊接在车身壳体上，而是用螺栓连接并安装在其车架上，因此前面比较薄弱，如图7-4所示。但是高级轿车为了提高乘坐舒适性，仍多采用非承载式车身。

2. 客车车身

客车车身具有规则的厢式形状，一般都有完整的骨架。现在常用的是半承载式客车车身结构和承载式客车车身结构。

半承载式客车车身结构如图 7-4 所示，通常在客车专用底盘上将车架用若干悬臂梁加宽并与车身侧壁刚性连接，使车身骨架也分担车架的一部分载荷。许多国产大、中型客车车身均采用这种结构形式。

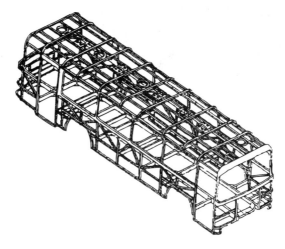

图 7-4　半承载式客车车身结构

图 7-5 所示为承载式客车身结构。整体承载式车身结构的特点是所有的车身壳体构件（包括蒙皮）都参与承载，互相牵连和协调，充分发挥材料的潜力，使车身质量最小而强度和刚度最大。

图 7-5　承载式客车车身结构

3. 货车驾驶室和车厢

1) 货车驾驶室

货车驾驶室只占货车长度的一小部分，不宜采用承载式结构，绝大多数都是非承载式结构。货车驾驶室可分为三种结构类型，如图 7-6 所示。

①长头式驾驶室。处于发动机之后，如图 7-6（a）所示。这种驾驶室高度、宽度都较小，结构紧凑，刚性好。

②平头式驾驶室。发动机处于两侧座位之间的平头式驾驶室，如图 7-6（b）所示。这种驾驶室宽度比长头式大，但是中间的发动机高出底板，占用了一定空间，结构紧凑性与刚性较差。

发动机位于座位之下的平头式驾驶室，如图 7-6（c）。这种驾驶室比上一种驾驶室结构完整，刚性较好，内部空间大，但是驾驶室高度也较大。这适用于向前倾翻的驾驶室，目

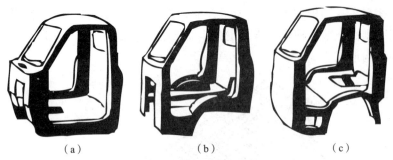

图 7-6 货车驾驶室的结构类型

(a) 长头式；(b) 平头式（发动机处于两侧座位之间）；(c) 平头式（发动机在座位之下）

前重型货车多采用此驾驶室。

2）货车车厢

货车通常采用普通栏板式货厢，一般有四块 300～500 mm 高的栏板和一块底板，如图 7-7 所示。

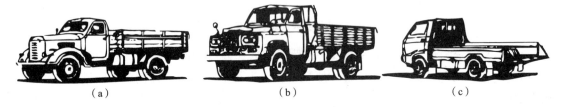

图 7-7 货车车厢结构

(a) 三面开木货厢；(b) 三面开钢木货厢；(c) 一面开全钢货厢

4. 车门、车窗及附件

1）车门

车门是车身上重要的部件之一，按其打开方法可分为：顺开式、逆开式、水平滑移式、上掀式、折叠式等，如图 7-8 所示。

图 7-8 车门的开启方式

1—逆开式；2—顺开式；3—折叠式；4—水平滑移式；5—上掀式

逆开式车门在汽车行驶时若关闭不严就可能被迎面气流冲开，故很少采用。顺开式车门即使在汽车行驶时仍可借气流的压力关上，比较安全，故被广泛采用。水平滑移式车门在车身侧壁与障碍物距离很小时仍能全部开启。上掀式车门广泛用于轿车及轻型客车的背门，有时也用于低矮的汽车。折叠式车门广泛应用于大、中型客车。

车门一般由门外板、门内板、窗框（有的还装有三角窗）等组成，如图7-9所示。

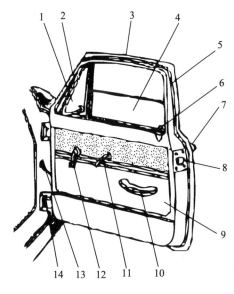

图7-9 车门及其附件

1—三角窗；2—门内板；3—门外板；4—车窗玻璃；5—密封条；6—锁止按钮；7—外手柄；8—门锁；
9—内护板；10—拉手；11—内手柄；12—玻璃升降器手柄；13—车门开度限位器；14—车门铰链

2）车窗及附件

汽车的前、后窗通常采用有利于视野而又美观的曲面玻璃。多数现代轿车采用专门的黏合剂将前后窗粘贴在窗框上，使之与车身壳体表面形成光顺连续的曲面以减小空气阻力。多数客车的侧窗玻璃亦可上下移动或前后移动，在玻璃与窗框导轨之间装有植绒橡胶密封槽。具有完善的冷气、暖气、通风及空调设备的高级客车常常将侧窗设计成不可打开式，以提高车身的密封性。轿车的车门升降玻璃都装在窗框和导轨的外侧，与车身壳体形成光顺连续的表面。

7.1.2 车门、行李厢的使用与检查

7.1.2.1 车门、行李厢的使用

1. 车门锁的正确使用

（1）在车外闭锁和打开轿车。

用遥控钥匙可在车外一定距离范围内闭锁和打开汽车，操作按钮如图7-10所示。

①打开汽车。按压遥控钥匙上的3号按钮即可开启所有车门锁和行李厢盖锁。

②闭锁汽车。按压遥控钥匙上的1号按钮即可闭锁所有车门锁和行李厢盖锁。

（2）在车内闭锁和开启轿车。

用驾驶员侧车门上的中央门锁按钮（图7-11）可在车内闭锁和开启车门。

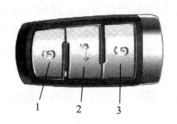

图 7-10 遥控钥匙上的操作按钮

1—闭锁；2—开启行李厢盖；3—解锁

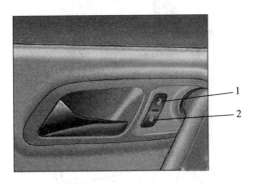

图 7-11 驾驶员侧车门：中央门锁按钮

1—开锁；2—闭锁

①闭锁车门。按压中央门锁开关上的 2 号按钮，即可闭锁汽车。

②打开车门。按压 1 号按钮即可打开车门。根据单双电动机结构不同，在车内拉一下或两下车门拉手可打开车门。点火开关关闭后中央门锁按钮仍起作用。

说明：

a. 按压 2 号按钮不能触发锁止机构和防盗报警系统。

b. 锁止机构触发后自车外无法打开车门或行李厢盖，如遇交通信号灯停车等待时可防投射袭击，提高安全性。

c. 如驾驶员侧车门锁处于打开状态，则不能用中央门锁按钮闭锁驾驶员侧车门，以免将驾驶员锁在车外。

（3）锁止机构的正确使用。

闭锁汽车后锁止机构随即锁止所有车门，开启拉手和中央门锁按钮，从而使他人难以非法侵袭汽车。

①激活锁止机构。

按一下遥控钥匙上的 1 号按钮，驾驶员侧车门上的指示灯即开始闪亮，表示锁止机构已进入工作状态。驾驶员侧车门上的指示灯先以较短的时间间隔闪烁 2 s，然后以稍长的时间间隔闪烁。

②关闭已闭锁汽车的锁止机构。

2 s 内连续按两次遥控钥匙上的 1 号按钮，即可使汽车处于未激活锁止机构的闭锁状态。驾驶员侧车门上的指示灯闪亮 2 s 后熄灭，然后 30 s 后再次开始闪亮。关闭锁止机构后即可在车内打开车门，拉一下车门拉手即可打开车门。关闭锁止机构后防盗报警系统即被激活，而车内监控系统和防牵引警报系统则被关闭。

说明：

a. 激活锁止机构时车内不得留有任何人，因锁止机构触发后自车内无法打开车门，发生紧急情况时闭锁的车门可能延误救援，使车内人员陷入困境。

b. 如用备用钥匙开启驾驶员侧车门锁，则仅开启驾驶员侧车门锁，而不会打开车上的其他锁。打开点火开关后系统即关闭所有车门的锁止机构（但车门仍处于闭锁状态），同时激活中央门锁按钮。

c. 车门闭锁后若驾驶员侧车门上的指示灯点亮 30 s，则表明中央门锁系统或防盗报警系统发生故障。

2. 行李厢盖的正确使用

用遥控钥匙或驾驶员侧车门上的按钮开启行李厢盖锁后行李箱盖自动打开，如遥控钥匙或中央门锁系统失效，则可手动开启行李厢盖。

（1）开启行李厢盖。

①用遥控钥匙打开行李厢盖的方法。

按压遥控钥匙上的 2 号按钮（图 7-10）约 1 s 即可打开行李厢盖锁，厢盖自动打开。电池电量充足时遥控钥匙可在距汽车周围数米范围内起作用，但若汽车与遥控钥匙之间有障碍物或恶劣天气条件下或电池电量不足时，遥控钥匙的作用范围将缩小。

②用驾驶员侧车门上的按钮打开行李厢盖。

向上提驾驶员侧车门上的按钮（图 7-12），行李厢盖即自行打开。

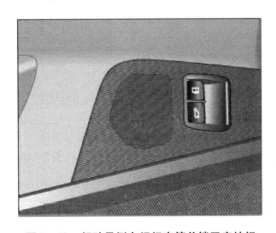

图 7-12　驾驶员侧车门行李箱盖锁开启按钮

③手动打开行李厢盖。

现在的一些新型轿车，由于车标内通常安装倒车影像的摄像头，所以车标一般设计成可翻转的，像大众轿车（图 7-13）在 2005 年后，设计师们将倒车影像与行李厢打开功能相结合，即可用车尾的厂徽打开行李厢盖。其操作方法是，用大拇指按压厂徽的上端，同时向外拉厂徽的下端，行李厢盖即自行打开。

（2）关闭行李厢盖。

用手抓住箭头所示行李厢盖内饰板上的嵌入式拉手（图 7-14），即可关闭行李厢。

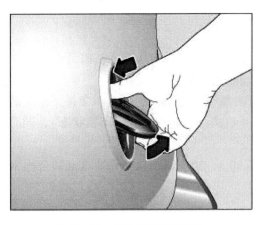
图 7-13 车外打开行李厢盖

图 7-14 行李厢盖内饰板嵌入式关闭拉手

（3）行李厢内固定环及挂钩的使用。

行李厢里设有若干个固定环（图 7-15），用于固定行李和其他物品。前端两个固定环翻开才能使用。行李厢里设有手提袋挂钩，抓住拉环，下拉手提袋挂钩（图 7-16），将手提袋挂到挂钩上。

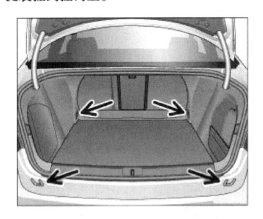
图 7-15 行李厢内的固定环

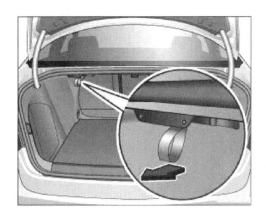
图 7-16 行李厢内的挂钩

说明：

①如汽车处于闭锁状态，用遥控钥匙只能打开行李厢盖，那么，关闭行李厢盖，后厢盖立即闭锁。

②如行李厢盖处于打开或未关牢状态，组合仪表内的警报灯即点亮或显示屏显示警报信息。

③关闭行李厢盖后须确保行李厢盖锁可靠啮合，否则，汽车行驶中行李厢盖可能突然自行打开。

警告：

如汽车不得不在行李厢盖打开状态下行驶，为防止发动机尾气进入车内，务必遵守下列事项：

①关闭所有车窗及可倾斜打开的全景式天窗。

②关闭空调内循环系统。
③打开仪表板上的出风口。
④将新鲜空气鼓风机调至最高转速。

3. 防盗报警系统

防盗报警系统可使他人难以非法侵袭或偷盗汽车。如果系统感知有人非法侵袭汽车或试图用机械钥匙开启汽车并打开车门，防盗报警装置立即触发声光警报。

（1）激活防盗报警系统。

用遥控钥匙或备用钥匙闭锁汽车后防盗报警系统即进入警戒状态。

（2）关闭防盗报警系统。

用遥控钥匙上的打开按钮打开汽车或打开点火开关后防盗警报系统即被关闭。

（3）系统何时触发警报。

闭锁汽车后如果系统感知到有下列非法侵扰行为时将会触发警报：系统将发出约 30 s 的声响警报和最长 5 min 的可视警报信号。若警报停止后系统又感知车内同一警戒区或另一警戒区被侵扰（例如，打开车门后又打开行李厢盖），系统将再次触发警报，具体包含以下几种情况：

①用备用钥匙以机械方式开启汽车，以机械方式打开已开启车门锁的车门后 15 s 内未打开点火开关。
②打开某个车门。
③打开发动机舱盖。
④打开行李厢盖。
⑤试图用无效钥匙打开点火开关。
⑥在配备车内监控系统的汽车内活动。
⑦牵引及举升汽车（仅适用于配备防牵引警报系统的汽车）。
⑧断开汽车蓄电池。

4. 车内监控系统和防牵引警报系统

车内监控系统和防牵引系统用于记录车内车外的活动并据此触发报警。有些车型装备车内监控系统和防牵引系统。如果车内有可触发报警的动物或者移动物件等，应该关闭车内监控系统。

（1）打开车内监控系统和防牵引警报系统。

打开防盗报警系统时车内监控系统和防牵引警报系统同时被激活。

（2）关闭车内监控系统和防牵引警报系统。

按压如图 7-17 所示的按钮即可关闭车内监控系统和防牵引警报系统，此后，只要汽车处于闭锁状态，按钮内的黄色警报灯将一直处于点亮状态。

说明：

①闭锁汽车。车内监控系统和防牵引警报系统将一直处于关闭状态，直至下次闭锁汽车。按钮内指示灯点亮时方可关闭车内监控系统和防牵引警报系统。拔出点火钥匙并打开一扇车门（例如，驾驶员侧车门）时该指示灯点亮。

②闭锁汽车后如车内留有动物或需牵引汽车时应关闭车内监控系统及防牵引警报系统（车辆倾斜传感器）。否则，动物在车内的活动可能触发警报；将汽车装到运输车上时或将

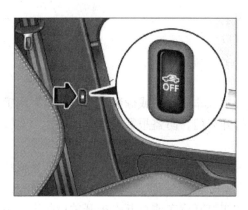

图7-17 关闭车内监控系统和防牵引警报系统的按钮

车桥吊起牵引汽车时也可能触发警报。凡闭锁汽车时均须关闭车内监控系统及防牵引警报系统，否则，下次闭锁汽车时系统将自动打开车内监控系统及防牵引警报系统。

③汽车完全闭锁后车内监控系统才能正常发挥监控作用。下列情况均可能导致系统误发警报：

a. 完全或部分打开车窗。

b. 完全或部分打开滑动/翻开式天窗。

c. 留在车内的零散纸张、连接在车内后视镜上的诸如空气净化剂瓶等物品。

d. 留在车内的移动电话发出的振动提示可能触发车内监控系统报警，因车内监控系统传感器会对车内的任何运动做出反应。

e. 打开防盗报警系统时如车门或行李厢盖仍处于打开状态，则系统仅激活防盗报警系统，关闭所有车门和行李厢盖后系统才会激活车内监控系统和防牵引警报系统。

5. 儿童安全锁

有些车型后门装有儿童安全锁，用于防止儿童在车内打开后排车门。对于后排车门配备儿童安全锁的汽车，可用汽车钥匙操纵儿童安全锁。左右侧车门儿童安全锁如图7-18、图7-19所示。

图7-18 左侧车门儿童安全锁
1—关闭儿童安全锁；2—触发儿童安全锁

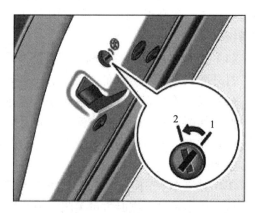

图7-19 右侧车门儿童安全锁
1—关闭儿童安全锁；2—触发儿童安全锁

（1）触发儿童安全锁。

①开启汽车，打开需触发儿童安全锁的车门。

②将备用钥匙插入已打开车门的槽内，将钥匙拧至2位置。

（2）关闭儿童安全锁。

①打开汽车，打开需关闭儿童安全锁的车门。

②将备用钥匙插入已打开车门的槽内，将钥匙拧至1位置。

说明：

①携带儿童行驶时为防儿童无意间打开车门，应激活儿童安全锁。

②激活儿童安全锁后不能在车内打开后排车门，只能在车外打开。

③用备用钥匙通过打开的车门即可激活或关闭儿童安全锁。

7.1.2.2 车门及行李厢的检查

1. 车门的检查

（1）门控灯开关检查：通过检查确保打开每一扇车门时顶灯变亮，而所有车门关闭时顶灯熄灭。配备照明设备进入系统的车辆的顶灯不会立即熄灭，因此需要等待几秒钟，以便检查顶灯是否熄灭。

（2）车身的螺母和螺栓的检查：包括门、座椅和安全带位置的检查，可采用轻轻晃动车门、座椅以及快速拉动安全带的方法检查。

（3）车门开度限位器的润滑。

使用固体润滑膏润滑车门开度限位器（图7-20）上标有箭头的部位。

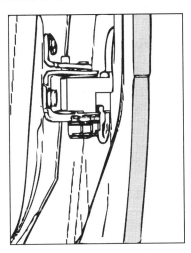

图7-20 车门限位器

2. 行李厢的检查。

（1）行李厢门连接螺栓、螺母的检查。

通过目视检测，或通过轻轻摇晃行李厢盖，如果没有旷动量为正常。

（2）行李厢装载行李时的安全检查：

①尽可能均匀分布车内载荷。

②重物尽可能装在行李厢前端。

③紧固所有装置物,用合适的紧固带通过厢内的固定环固定装载物。后窗台板上存放的坚硬物品可能与后窗加热丝或天线相摩擦,损坏加热丝和天线。

④必须根据汽车的负载调整轮胎气压至轮胎气压规定值。

7.1.3 安全防护装置的检查

安全防护装置是现代汽车结构的重要组成部分。在发生汽车碰撞事故时,安全防护装置能有效地减轻乘员的伤亡和汽车的损坏。

在交通事故中,汽车自身受到的碰撞称为一次碰撞,乘员由此而受到车内某些部件的碰撞称为二次碰撞。二次碰撞是交通事故中乘员受到伤害的主要原因。因此汽车设计人员采取各种措施以避免一次碰撞和二次碰撞的发生。我们通常把避免一次碰撞而采取的各种措施称为主动安全装置;能防止或者减轻乘员受二次碰撞的所有措施称为乘员保护装置。自动式座椅安全带与安全气囊,是最主要的保护装置。

7.1.3.1 安全带的使用与检查

1. 安全带的作用

正确佩戴安全带不仅能将驾乘人员保持在不易受伤的合适位置,并能吸收碰撞产生的大部分动能,还有助于防止可能导致驾乘人员受伤的失控运动。此外,正确佩戴的安全带还可降低驾驶员被甩出汽车的风险程度(图7-21)。

图7-21 汽车紧急制动时安全带对驾驶员的保护

交通事故统计证明,正确佩戴安全带能有效降低事故伤亡率和提高事故存活率,同时,还能充分利用安全气囊在事故中的辅助保护功能。因此,大多数国家的交通法规规定行驶时驾乘人员必须佩戴安全带。

2. 安全带的结构

三点式安全带如图7-22所示,带子由结实的合成纤维织成。部分轿车的安全带由电脑控制,在紧急情况下可爆炸锁止从而自动张紧。

3. 正确佩戴安全带

(1)安全带的走向(图7-23)必须正确(例如不应扭曲),并且可靠锁止后安全带才能充分发挥保护作用。

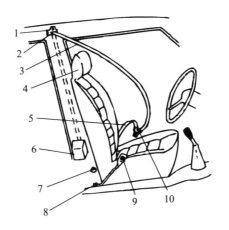

图 7-22 三点式安全带

1—外侧上方固定点；2—导向板；3—肩带；4—头枕；5—腰带；6—收卷器；
7—外侧地板固定点；8—内侧地板固定点；9—锁扣；10—插板

图 7-23 正确佩戴安全带的车内乘员

①正确调整前排座椅及其头枕（图 7-24、图 7-25）。

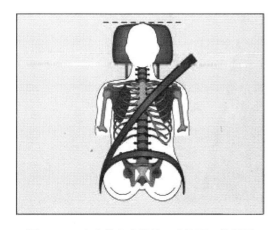

图 7-24 安全带和头枕的正确位置—前视图

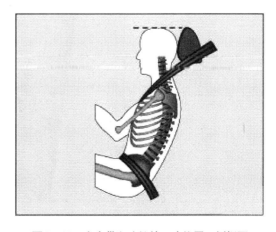

图 7-25 安全带和头枕的正确位置—侧视图

②佩戴安全带时应抓住安全带锁舌，慢慢拉过胸部和髋部。

③将安全带锁舌插入相应座椅的插口内,下压锁舌(图7-26),直至听到其与插口的啮合声。拉一下安全带,确保锁舌与插口牢靠啮合。

图7-26 安全带锁舌和插口

(2)安全带佩戴部位。

安全带佩戴部位正确才能提供最佳保护效果,并且乘员坐姿不正也会大大降低安全带的保护作用,极易导致严重伤亡事故;若因事故触发安全气囊,气囊的撞击可能严重致伤,甚至致死坐姿不正的乘员。

①肩部安全带必须通过乘员肩部中央,切勿勒在颈部。

②安全带必须平整,紧贴乘员胸部。

③腰部安全带必须通过乘员骨盆部位,切勿压在胃部。安全带必须平整,紧贴骨盆部位,并按需要拉紧安全带。

④行驶时必须要求所有乘员全程保持正确坐姿。利用下列机构可按自身高度将安全带调整至合适位置:

前排座椅安全带高度调节器,如图7-27所示。

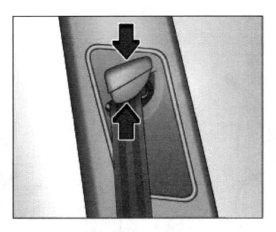

图7-27 前排座椅旁:安全带高度调节器

后排座椅高度调整机构。

（3）解开安全带。

①按压安全带插口旁的红色按钮（图7-28），锁舌自插口内弹出。

②抓住锁舌将安全带回送，收卷器将安全带自动卷回，避免损坏车内内饰和安全带扭曲。

（4）安全带高度调整机构。

利用前排座椅安全带高度调节器可将肩部安全带调至乘员肩部合适位置。

① 如图7-27所示箭头，捏住肩部安全带导向件。

② 上下移动导向件，将安全带调节至与自身体型相合适。

③ 松开肩部安全带导向件。

④ 调节安全带高度后用力拉一下肩部安全带，检查导向件是否牢固锁止。

（5）安全带警报灯Z。

安全带警报灯（图7-29）用于提醒驾驶员和前排乘员佩戴安全带。若打开点火开关时驾驶员或前排乘员（如前排乘员座椅已有人就座）未系安全带，则组合仪表里的安全带警报灯将点亮，提醒驾乘人员系好安全带。若汽车起步后车速超过25 km/h时驾乘人员未系安全带或行驶期间解开安全带，则系统将发出声响警报（最长持续90 s），同时安全带警报灯闪亮。点火开关处于打开状态，驾驶员和前排乘员都已系好安全带后组合仪表里的警报灯才熄灭。

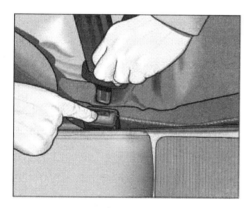

图7-28 从安全带插口内松开锁舌

图7-29 安全带警报灯

（6）安全带收紧器。

汽车发生正面碰撞时安全带收紧器自动将前排座椅和后排座椅的安全带收紧。前后排座椅均配备安全带收紧器。汽车正面和车尾发生严重碰撞时传感器触发安全带收紧器，收紧器将安全带向回卷方向收紧，减缓乘员前冲运动。当汽车发生轻度正面碰撞、侧面碰撞、车尾碰撞或任何对汽车正面作用力不大的碰撞时系统不会触发安全带收紧器。

说明：

①安全带收紧器触发时会释放少许烟尘，此属正常现象，不表明汽车发生火灾，无须担心。

②安全带收紧器是座椅安全带的一个部件。对安全带收紧器的任何作业及因维修其他汽车部件需拆装安全带收紧器系统部件的作业必须由汽车生产企业的特许经销商实施，否则，可能损坏安全带。发生事故时安全带收紧器可能无法正常工作或根本不起作用。

7.1.3.2 安全气囊系统检查

1. 安全气囊系统概述

安全气囊在汽车正面碰撞时能防止乘员与其前方的物体撞击。气囊平时折叠在转向盘毂内或仪表板内，必要时可在极短时间（碰撞开始后 0.03~0.05 s）内充满气体而呈球形，以填补乘员与室内物体之间的空间。

轿车发生正面严重碰撞事故时，安全气囊系统协同三点式安全带对前排乘员的头部及胸部提供有效保护。发生侧面碰撞时，侧面安全气囊可减轻乘员处于碰撞区域身体部位的伤害程度。

安全气囊按布置位置可分为前排正面防撞安全气囊、后排防撞安全气囊、侧面防撞安全气囊、顶部气囊等；按大小可分为保护整个上身的大型气囊和主要保护面部的小型护面气囊。护面气囊成本较低，但一定要和座椅安全带配合使用才有保护作用。目前汽车上配置的气囊数量有增多的趋势，可达 6~8 个。

安全气囊系统通常由包括碰撞传感器和安全传感器所组成的传感器判断系统、气体发生器、安全气囊和警报灯（位于组合仪表内）等组成，如图 7-30 所示。

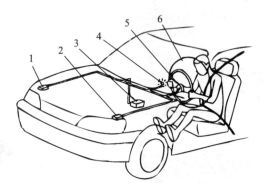

图 7-30 安全气囊

1—右前方碰撞传感器；2—左前方碰撞传感器；3—安全传感器总成；
4—SRS 指示灯；5—气体发生器；6—安全气囊

1) 前排正面安全气囊

驾驶员正面安全气囊（图 7-31）安装在方向盘里，前排乘员正面安全气囊（图 7-32）安装在仪表板里，其上分别标有字母 AIRBAG。

2) 侧面安全气囊

汽车左侧侧面安全气囊安装在驾驶员座椅靠背（图 7-33）和前排乘员座椅靠背里；大众车系的侧面安全气囊所处位置用印有字母 AIRBAG 的不干胶贴签标示。汽车侧面碰撞时触发膨胀的侧面安全气囊（图 7-34）可大大降低乘员上身受伤的风险。

图 7-31 驾驶员正面安全气囊

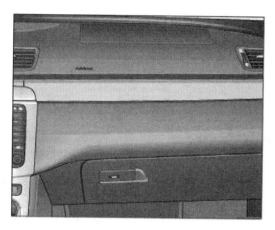

图 7-32 前排乘员正面安全气囊

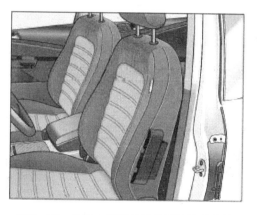

图 7-33 位于左前座椅里的侧面安全气囊

图7-34　完全触发膨胀的侧面安全气囊

3）顶部安全气囊

安全气囊系统绝不能取代安全带。触发碰撞的顶部安全气囊可有效降低驾乘人员头部及胸部的受伤风险。顶部安全气囊位于车内左右两侧车门上方，安装位置如图7-35所示，其上标有字母AIRBAG。

图7-35　车内左侧头部安全气囊安装位置

完全触发膨胀的头部安全气囊如图7-36所示。

图7-36　完全触发膨胀的头部安全气囊

2. 安全气囊系统使用注意事项

（1）在安全气囊及有效范围内，不得放置和连接任何物品和器具。前排正面安全气囊触发碰撞时的覆盖范围（作用范围）如图7-37所示。

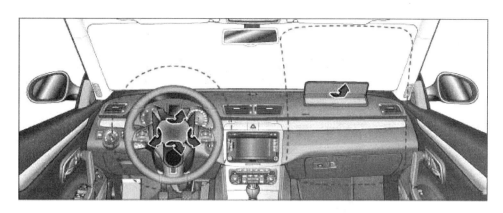

图 7-37　前排正面安全气囊作用范围及安全气囊罩盖的打开状态（图示虚线框内的区域）

（2）驾驶员与方向盘之间必须至少保持 25 cm 的距离。为了安全起见，前排乘员座椅应尽可能后移，使前排乘员距仪表板尽可能远。否则，安全气囊将不能提供有效保护，使得乘员遭受致命伤害。

（3）携带儿童行驶时如无合适的儿童保护系统，切勿让儿童坐在前排乘员座椅上。否则，一旦因事故触发安全气囊，气囊可能撞伤甚至撞死儿童。

（4）不得试图自行改装安全气囊系统的任何部件。

（5）此外，配备侧面安全气囊的汽车车门上不得安装任何附件（例如杯架）。安全气囊控制系统的传感器安装在前排两车门上，故不得对车门和车门内饰件进行任何改装（例如，加装扬声器等附件），因为其会干扰传感器的正常工作。

（6）车内原装衣帽钩只可用于悬挂轻便的服装，并且衣袋里勿装重或尖利的物品。

（7）座椅靠背的侧面不得过度受力（例如，用力敲击或用脚踢），否则，可能损坏系统，从而不能触发侧面安全气囊。

（8）除明确认可适用本车的座椅护套外，任何情况均不得在驾驶员座椅和前排乘员座椅上安装其他座椅护套，因常规座椅护套会阻碍侧面安全气囊膨胀，大大降低其保护作用。

（9）安全气囊系统只能触发一次，凡触发过的安全气囊必须更换。

3. 安全气囊系统的检查

（1）目视检查塑料外壳（图 7-38）的损坏情况。驾驶员安全气囊识别标识是方向盘垫板上的字母 AIRBAG。

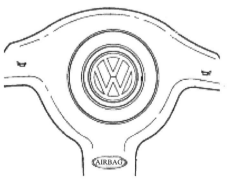

图 7-38　方向盘垫板

（2）目视检查仪表板外壳（图7-39）表面的损坏情况。前排乘员安全气囊标识是在仪表板右侧的字母 AIRBAG。

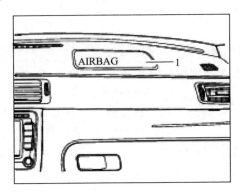

图 7-39　前排乘员侧安全气囊
1—安全气囊标识

警告：驾驶员及前排乘员安全气囊外壳表面不得被粘接上或者拉出，或实施其他加工操作，以确保气囊的正常功能。气囊外壳表面只允许用干燥的，或稍湿的抹布清洁。

7.1.3.3　其他安全防护装置

1. 头枕的使用

头枕是在汽车后部受撞击时限制人的头部向后运动的安全装置，这样可避免头部和颈椎受伤。

调整头枕，使头枕的上缘与头顶等高，但勿低于眼睛，并使脑后尽可能贴近头枕。

1）头枕调整方法

（1）瘦小乘员调整头枕时应将头枕完全下压到底，头顶可略低于头枕上缘。

（2）高大乘员调整头枕时应尽可能上提头枕。

警告：
①若拆掉头枕行驶或头枕调整/安装不当时行驶，发生事故时极易严重致伤乘员。
②为获最佳保护效果，所有驾乘人员必须按自身体型将头枕调整至合适位置。
③汽车行驶时若遇突发情况或紧急制动时调整不当的头枕会加大受伤风险。

2）调整、拆卸和安装头枕

（1）调整头枕高度，上下移动头枕即可将头枕调整至合适位置。

①抓住头枕两侧。

②按住按钮1（图7-39、图7-40），沿箭头方向上提或下压头枕，将头枕调整至正确位置。

③调整后应检查头枕是否固定到位。

（2）拆卸前排座椅头枕。

①尽可能上提头枕。

②为便于拆卸，可用一扁平器具2（图7-40）（例如塑料卡片）插入右侧座椅套和安装盖之间，同时按住按钮1拔出头枕。

（3）拆卸后排座椅头枕。

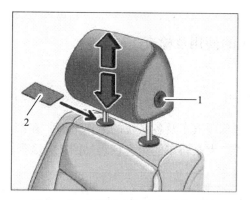

图7-40 调整和拆卸前排座椅头枕

①尽可能上提头枕。

②按住按钮（图7-40），拔出头枕。

(4) 安装头枕。

①将头枕插入相应靠背上的导管。

②下压头枕，如果有必要，按住按钮1（图7-40、图7-41）。

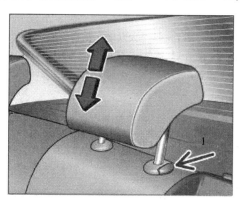

图7-41 调整和拆卸后排座椅头枕

③按体型调整头枕。

2. 汽车玻璃的安全防护

汽车正面或侧面受撞时，乘员头部往往撞击风窗玻璃或侧窗玻璃而受伤，并且玻璃碎片还会使脸部或眼睛受伤。目前在汽车上广泛应用的安全玻璃有钢化玻璃和夹层玻璃两种。钢化玻璃受冲击损坏时，整块玻璃出现网状裂纹，脱落后分成许多圆锐边的碎片。夹层玻璃受冲击损坏时，内层玻璃碎片仍黏附在中间层上，减小了对人体产生伤害的可能性。

3. 车门及铰链的安全防护

现代汽车的门锁与车门铰链应有足够的强度，能同时承受纵、横两个方向的冲击载荷而不致使车门打开，避免乘员被甩出车外而受重伤或死亡的危险。此外，在事故后，门锁应不失效而使车门仍能被打开。

车身内部一切可能受人体撞击的构件都不应有尖角、突棱或小圆弧过渡的形状，而且车身室内广泛采用软材料包垫。室内软化不仅是为了满足舒适性的要求，更重要的还是为了满足安全性的要求。

7.2 组合仪表的使用及检查

7.2.1 组合仪表的使用

为了使驾驶员能够随时掌握汽车及各系统的工作情况,在汽车驾驶室的仪表板上装有各种指示仪表及各种报警装置。大众轿车的组合仪表如图7-42所示:

图7-42 大众轿车组合仪表

1—时钟调整按钮;2—发动机转速表;3—发动机冷却液温度表;4—多功能显示屏;
5—车速表;6—燃油表;7—单程里程记录器回零按钮

1. 数字时钟

1) 调整小时

组合仪表显示屏显示时间且无其他显示项时才可调整时钟的时间,用组合仪表上的时钟调整按钮调整时间,如图7-43所示。

图7-43 时钟调整按钮

(1) 按压时钟调整按钮,选择小时显示项。

(2) 按一下时钟调整按钮,小时显示值增加一小时,持续按住该按钮,小时显示值连续快速增加。

2) 调整分钟

(1) 再次按压时钟调整按钮,选择分钟显示项。

(2) 按一下时钟调整按钮,分钟显示值增加一分钟;持续按住该按钮,分钟显示值连续快速增加。

(3) 最后再按一下时钟调整按钮,完成时钟调整。

说明:根据车型配置,也可用组合仪表显示屏菜单调整时钟的时间。

2. 发动机转速表

发动机转速表用于显示发动机的转速。发动机转速表表盘上红色区域的始点表示发动机的最高允许转速,发动机经正常磨合后且达到正常工作温度时才能以此最高转速短时间运转。

注意:切不可让转速表指针持续处于表盘的红色区域,否则极易损坏发动机。

3. 发动机冷却液温度表

发动机冷却液温度表用于显示冷却液温度并在冷却液液位偏低时发出警报。当点火开关打开后,冷却液温度表才处于工作状态,通常冷却液温度表分为低温区、正常温度区和警报区,如图7-44所示。

图7-44 发动机冷却液温度表
A—低温区;B—正常温度区;C—警报区

1) 低温区

当冷却液温度表指针处于A区域时,表明冷却液温度处于低温区,此时由于发动机处于冷态,因此切勿让发动机高速高负荷运转,否则会损坏发动机。

2) 正常温度区

当冷却液温度表指针处于B区域时,表明冷却液温度处于正常温度区。当汽车正常行驶时指针应处在表盘中间区域。

3) 警报区

当冷却液温度表指针处于C区域时,表明冷却液温度处于警报区。若指针进入该区域,警报灯立即点亮,此时,必须立即停车并关闭发动机,检查冷却液液位及冷却系统。

4. 燃油表

燃油表(图7-45)的显示仅在点火开关打开的情况下才有显示,当指针指到箭头所示备用区时燃油表里的警报灯即点亮,并发出一声响警报,提示驾驶员及时添加燃油,此时,燃油箱里只剩极少量燃油。

说明:燃油表里加油泵符号旁边的小指针(图7-45)表示燃油箱浮子在汽车上的所处方位。

5. 组合仪表多功能显示屏

不同车型、不同类型的多功能显示屏有不同的显示区,但多数车型组合仪表显示屏可显示行驶时间、行驶总里程、单程里程和自动变速箱变速杆挡位等信息。

图7-46的显示区从上向下依次显示的内容为:

图7-45 燃油表

图7-46 多功能组合仪表显示屏

(1) 行驶方向、时钟、换挡提示器。

(2) 可选和自动显示区,例如,显示起动里程、平均车速、瞬时车速、平均油耗、瞬时油耗以及行驶时间等。

(3) 可选和自动显示区,例如,显示第二种车速表或环境温度。

(4) 行驶里程显示区。

说明:

(1) 某些国家的法律规定汽车行驶时必须一直显示第二种车速,故在这些国家行驶时不可关闭第二种车速表。

(2) 显示屏显示形式和显示项目可能因组合仪表的配置不同而有所不同。

(3) 组合仪表无菜单显示功能的汽车上述某些显示项用警报灯代之(例如,车门打开警报灯)。

1) 行驶里程显示区

里程表的里程显示区位于组合仪表显示屏内最下面。组合仪表显示屏显示区4(图7-46)左侧计数器记录汽车行驶总里程;组合仪表显示屏显示区4右侧计数器记录该记录器自上次清零后汽车的行驶距离,记录器的最后一位数代表100 m,按压图7-47的单程里程记录器回零按钮即可将该记录器清零。

2) 行驶方向显示项

配备原装收音机/导航系统的汽车行驶方向可显示在组合仪表显示屏上,如图7-48所示。

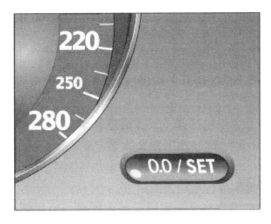

图 7-47 时钟调整按钮

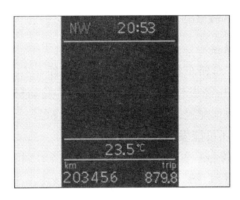

图 7-48 可显示行驶方向的组合仪表显示屏

（1）导航系统处于打开状态时，打开点火开关后组合仪表显示屏的左上角即显示汽车的行驶方向。

（2）行驶方向显示功能根据收音机导航系统提供的信息工作，无须手动校准。

（3）显示屏显示形式和显示项目可能因组合仪表的配置不同而有所不同。

3）保养周期显示项

保养周期显示用于提醒用户下一次保养即将到期。对于组合仪表显示屏具备菜单显示功能的汽车，待保养项目在显示区 2 显示；而无菜单显示功能的汽车，则显示在显示区 2 和 4。根据行驶时间/里程保养的汽车的保养周期是固定不变的；而长效保养的汽车的保养周期是根据不同行驶状况计算得出的。

显示剩余里程数：如果某项保养即将到实施期，打开点火开关后组合仪表显示屏将显示保养警报，保养警报的显示根据显示屏的显示功能分为两类：

（1）组合仪表显示屏无文本信息显示功能的汽车：显示屏显示扳手符号及到下次保养可行驶距离公里数，同时显示屏还显示时钟符号及距下次保养的天数。

（2）组合仪表显示屏具备显示文本信息功能的汽车：显示屏显示 Service in—km—days（距下次保养—公里—天）。

打开点火开关数秒钟或发动机运转后上述保养文本信息消失。按压风窗刮水器上的按钮或多功能方向盘上的 OK 按钮也可将显示屏切换到常规显示状态。

调出保养信息:打开点火开关,发动机未运转和汽车处于静止状态时都可以调出当前的保养信息。

(1) 组合仪表显示屏具备菜单显示功能的汽车:

①用风窗刮水器操纵杆上的翘板开关或多功能方向盘上的按钮在组合仪表显示屏菜单里选择 Settings(设置)菜单。

②在 Service(保养)子菜单里选择 Info(信息)菜单项,然后按压风窗刮水器操纵杆或多功能方向盘上的按钮,显示屏显示下列文本信息:Service since—km or—days(保养期已过—公里—天)。

(2) 组合仪表显示屏无菜单显示功能的汽车:

按压组合仪表上的按钮 直至显示屏显示扳手符号,如某项保养过期未做,则总里程数或单程里程数前将显示负号。

7.2.2 警告信号及指示装置的使用

1. 认识仪表警报/指示系统

仪表警报/指示系统用于对轿车状态发出警报,提示轿车存在故障或指示轿车不同的功能状态。打开点火开关时某些警报/指示灯将点亮,一旦发动机开始运转或轿车开始行驶,警报/指示灯应熄灭。根据轿车配置,组合仪表可能显示符号,而非警报灯或指示灯。某些警报灯或指示灯点亮时系统还可能发出声响警报。

汽车仪表配备两种警报符号:红色警报符号(1 类故障)和黄色警报符号(2 类故障)。

如果发生 1 类故障警报(红色),警报符号将闪亮或点亮,并发出三声声响警报。该类故障属危险故障,遇此类故障必须立即停车,关闭发动机,检修相关系统。若系统查出数个 1 类故障,则被查出的所有故障警报符号依次显示约 5 s(如需提前关闭显示的故障警报,可按压风窗刮水器上的按钮 A 或多功能方向盘上的 OK 按钮),警报符号将一直闪亮至所有故障被排除。

如果仅发生一个 2 类故障警报(黄色),则该故障的警报符号点亮,同时发出一声声响警报,提示驾驶员尽快检查相关功能。若系统查出数个 2 类故障,则被查出的所有故障警报符号依次显示约 5 s。例如发动机机油警报符号,同时显示信息文本:Check Oil Level(检查机油油位)。遇此情况,应立即检查机油油位,并按需要添加机油。

准确辨认仪表盘上的数据,是每一个驾驶员所必备的能力。如今,汽车技术日新月异,大量先进技术被运用到了汽车上,汽车仪表盘上的指示灯与中控台上的指示按钮也变得越来越繁杂。以如图 7-49 所示组合仪表为例,介绍仪表的显示内容。

1) 发动机转速表里的警报/指示灯符号。

(1) EPC 指示灯 (用于汽油发动机),该指示灯常亮代表发动机以及电子系统出现了故障。打开点火开关,车辆开始自检时,EPC 灯会点亮数秒,随后熄灭。如车辆起动后仍不熄灭,说明车辆机械与电子系统出现故障,常见于大众品牌车型中。

(2) 蓄电池电压或发电机指示灯 ,该指示灯用于显示蓄电池电压不正确、发电机出现故障或者汽车电气设备故障。打开点火开关,该灯点亮,发动机起动时点亮几秒钟后熄灭。如果指示灯不亮或者常亮不熄灭应该进行蓄电池状态、发电机及电气方面检查。

(3) 水温指示灯 ,该指示灯用来显示发动机内冷却液的温度,打开点火开关,车辆

图 7-49 带警报/指示灯的组合仪表
1—发动机转速表；2—转向指示灯；3—多功能显示屏；4—车速表

自检时，水温指示灯点亮数秒后熄灭。水温指示灯常亮，说明冷却液温度超过规定值或者冷却液液面低于规定值，需立刻暂停行驶。

（4）发动机排放指示灯 ，该指示灯用来显示车辆发动机的工作状况，当打开点火开关，车辆自检时，该指示灯点亮后自动熄灭，如常亮则说明车辆的发动机出现了影响排放的相关故障，需要维修。

（5）远光指示灯 ，该指示灯是用来显示车辆远光灯的状态。通常的情况下该指示灯为熄灭状态，当打开远光灯时，该指示灯会同时点亮，以提示车辆的远光灯处于开启状态。

（6）风窗及大灯清洗液指示灯 ，该指示灯是用来显示车辆所装风窗及大灯清洗液的多少，平时为熄灭状态，该指示灯点亮时，说明车辆所装载风窗及大灯清洗液已不足，需添加风窗及大灯清洗液，添加后指示灯熄灭。

（7）雾灯指示灯 ，该指示灯是用来显示前后雾灯的工作状况，当前后雾灯点亮时，该指示灯相应的标志就会点亮。

（8）示宽指示灯 ，该指示灯是用来显示车辆示宽灯的工作状态，平时为熄灭状态，当示宽灯打开时，该指示灯随即点亮。

（9）内循环指示灯 ，该指示灯是用来显示车辆空调系统的工作状态，平时为熄灭状态。当按下内循环按钮，车辆关闭外循环，空调系统进入内循环状态时，该指示灯自动点亮。内循环关闭时内循环指示灯熄灭。

2）转向信号装置指示灯
该指示灯是用来显示车辆转向灯所在的位置，通常为熄灭状态。当车主点亮转向灯时，该指示灯会同时点亮相应方向的转向指示灯，转向灯熄灭后，该指示灯自动熄灭。

3）显示屏里的警报/指示灯

（1）机油指示灯 ，该指示灯用来显示发动机内机油的压力状况。打开点火开关，车辆开始自检时，指示灯点亮，起动后熄灭。该指示灯常亮，说明该车发动机机油压力低于规定标准，需要维修。

（2）车门指示灯 ⬚，该指示灯用来显示车辆各车门状况，任意车门未关上或者未关好，该指示灯都会点亮相应的车门指示灯，提示车主车门未关好，当车门关闭或关好时，相应车门指示灯熄灭。

（3）刹车盘指示灯 ⬚，该指示灯是用来显示车辆刹车盘磨损的状况。一般该指示灯为熄灭状态，当刹车盘出现故障或磨损过度时，该灯点亮，修复后熄灭。

4）车速表里的警报/指示灯

（1）ABS 指示灯 ⬚，该指示灯用来显示 ABS 工作状况。当打开点火开关，车辆自检时，ABS 灯会点亮数秒，随后熄灭。如果未闪亮或者起动后仍不熄灭，表明 ABS 出现故障。

（2）安全带指示灯 ⬚，该指示灯用来显示安全带是否处于锁止状态，当该灯点亮时，说明安全带没有及时扣紧。有些车型会有相应的提示音。当安全带被及时扣紧后，该指示灯自动熄灭。

（3）油量指示灯 ⬚，该指示灯用来显示车辆内储油量的多少，当钥匙门打开，车辆进行自检时，该油亮指示灯会短时间点亮，随后熄灭。如起动后该指示灯点亮，则说明车内油量已不足。

（4）气囊指示灯 ⬚，该指示灯用来显示安全气囊的工作状态，当打开点火开关，车辆开始自检时，该指示灯自动点亮数秒后熄灭，如果常亮，则安全气囊出现故障。

2. 危险警报灯使用

危险警报灯与转向信号灯共用。当车辆出现故障或遇特殊情况时，打开危险警报灯（图 7-50）后所有转向信号灯同时闪亮，组合仪表里的两个转向信号指示灯及危险警报灯开关内的指示灯也同时闪亮。关闭点火开关后危险警报灯仍可工作。

图 7-50　危险警报灯按钮开关

打开点火开关及危险警报灯后汽车被牵引时转向信号灯仍可使用。按所需方向拨转向信号灯操纵杆，即可打开相应转向信号灯，转向信号灯工作时危险警报灯不再闪亮，一旦转向信号灯操纵杆拨回至直行位置，危险警报灯立即开始闪亮。

危险警报灯应急报警功能：当车速高于 60 km/h 时完全踩下制动踏板或 ABS 系统长时间处于工作状态时系统自动打开危险警报灯，警示后随车辆。此后，如果汽车加速行驶或以高于 40 km/h 的时速继续行驶，危险警报灯自动关闭。

遇紧急情况时用危险警报灯可引起过往车辆的注意，防止引发意外事故。

（1）如果遇到以下紧急情况或因故障抛锚时应按下述方法进行操作：

①将汽车停在远离车流的安全场所。

②按压危险警报灯按钮开关，打开危险警报灯。

③手动变速箱汽车：将换挡杆挂入 1 挡；自动变速箱/DSG 双离合器变速箱汽车：将变速杆移入位置 P。

④关闭点火开关。

⑤按压电子驻车制动器按钮，施加驻车制动。

⑥将三角警示牌设立在车旁，以便引起过往车辆驾驶员的注意，防止发生意外事故。

⑦驾驶员离车时务必拔下钥匙，随身带走。

（2）如果遇到下列情况时务必打开危险警报灯，以便引起其他道路使用者的注意，例如：

①交通堵塞，汽车处在车流末端时。

②发生紧急情况时。

③因技术故障汽车抛锚时。

④牵引车辆或被牵引时。

7.3 灯光的正确使用及检查

为了保证汽车行驶安全，汽车上都装有多种照明设备和灯光信号装置，车辆的灯光不仅仅是在光线不足的情况下提供照明，而更重要的是起到警示作用。很多人认为车灯是装饰品，其实这是误区，车灯应该作为一种与 ABS、EBD 一样的主动安全装置而存在。根据相应统计，60% 的事故都是因为视线不清而造成的。所以从维护自身安全利益的角度出发，我们一定要高度重视汽车车灯的保养和正确使用，切勿因为轻视或疏忽酿成事故。

汽车上有前照灯（近光灯和远光灯）、雾灯、转向信号灯、示宽灯、尾灯、制动灯、倒车灯等。

（1）前照灯俗称大灯，包括远光灯和近光灯。近光灯主要是可以照亮近距离的前方道路。在夜晚或凌晨天色较暗时开车，务必要打开近光灯；在大雾、下雪或者大雨天气等视线情况不佳的时候，即使在白天也有必要打开近光灯；在一些路面灯光设备照明不佳的时候，也应该打开近光灯。远光灯能够照亮较远距离的道路。在夜晚行车的时候，如果对面没有车辆行驶的情况下或者在有隔离带的道路行驶，可以使用远光灯。需要注意的是，在没有隔离带的道路上会车的时候，要在相距 150 m 左右的情况下减速，并将远光灯变为近光灯。

（2）雾灯一般位置比较低，其往下穿透性比较强，当遇到大雾、大雨、暴雪等极端天气，视线不清时，它可以帮助驾驶员在雾天驾驶时提高能见度，并能保证使对面来车及时发现，以采取措施，这样才能保证车辆行驶的安全。

（3）转向灯装在汽车前后或侧面，用于在汽车转弯时发出明暗交替的闪光信号，使前后车辆、行人、交警了解其行驶方向。转向灯的开启时间要掌握好，应在距转弯路口 100 m

左右时打开,开得过早会给后车造成忘关转向灯的错觉,开得过晚会使后面尾随车辆、行人毫无思想准备,来不及避让。

(4)示宽灯(前小灯)装于汽车前后两侧边缘的白色灯,用于标示汽车夜间行驶或停车时的宽度轮廓。

(5)尾灯是装于汽车尾部,左右各一只的红色灯,用于在夜间行驶时向后面的车辆或行人提供位置信息,现在轿车上示宽灯和尾灯同用一个。

(6)制动灯装于汽车后面,用于当汽车制动或减速停车时,向车后发出灯光信号,以警示随后车辆及行人。

(7)倒车灯装于汽车尾部的白色灯,用于照亮车后路面,并警告车后的车辆和行人,表示该车正在倒车,提高倒车时的安全性。倒车灯由装在变速箱上的倒车灯开关控制,当变速杆拨至倒车挡时,倒车信号开关将倒车信号电路接通,倒车灯点亮。

7.3.1 灯光开关的正确使用

1. 打开和关闭车灯

图7-51所示为不同类型轿车的车灯开关,当车灯开关处于不同的挡位,相应的车灯点亮。

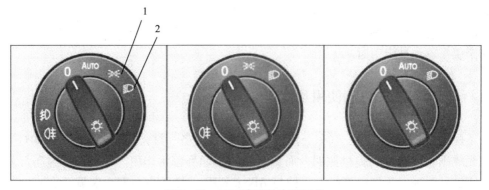

图7-51 不同类型的车灯开关
1—示宽灯位置;2—近光灯位置

(1)打开行车灯,也称示宽灯,将车灯开关处于 位置(图7-51)时,行车灯打开,这时车内的仪表灯也全部点亮。

(2)打开近光或者远光灯,将车灯开关处于近光灯位置(图7-51)时,近光灯打开;将远光灯拨杆向前推,远光灯打开。

(3)关闭车灯,将车灯开关转到0位置时,车灯关闭。

2. 打开和关闭雾灯

(1)将车灯开关拧至位置1或位置2,然后将开关拉出一挡打开前雾灯,将开关拉出二挡即可打开后雾灯。

(2)将车灯开关推回仪表板即可关闭后雾灯或前雾灯。

3. 仪表照明灯及前大灯照程调节

车内多功能组合仪表的照明亮度及前大灯的照程距离是可以调节的。仪表和开关照明亮度可以用左侧的调节旋钮1(图7-52)进行调节,前大灯的照程亮度可以用右侧的调节旋钮2(图7-52)进行调节。

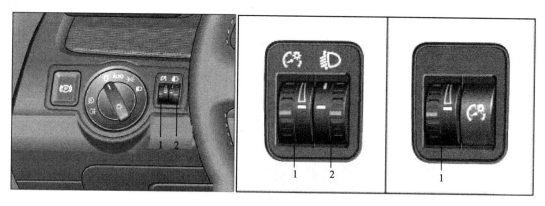

图 7-52 仪表及开关亮度调节旋钮和前大灯照程调节旋钮

1) 仪表和开关照明调节

打开前大灯后即可用旋钮 1 将仪表和开关照明灯的亮度调节至所需状态。

2) 前大灯照程调节

用旋钮 2 可按汽车负载调整前大灯照射范围,从而避免前大灯对迎面车辆产生炫目作用,同时,通过正确设定前大灯光束,可为驾驶员照清前方道路,获取最佳视野。

打开近光灯时才能调整前大灯光束:自基准位置下旋旋钮,可以降低前大灯光束。

调节旋钮 2 上的标定值大致对应下列汽车负载状况:

表 7-1 调节旋钮位置

旋钮位置	轿车负载情况
—	汽车满员,行李厢空载
1	汽车满员,行李厢空载
2	汽车满员,行李厢空载,牵引低负载挂车
3	仅有驾驶员,行李厢满载,牵引满载挂车

说明:如果实际负载与上表不同,则可将旋钮置于某个中间位置。

3) 前大灯照程动态控制装置

带氙灯的汽车才配备前大灯照程动态控制装置。该装置根据汽车的负载自动调整大灯光束,并可自动补偿汽车起步和制动时汽车的俯仰运动,因此不再需要调节旋钮。

4) 全自动汽车水平高度调整装置

配备水平高度调整装置的汽车无负载时应将前大灯照程调节旋钮拧至位置 0,汽车有负载时则应拧至位置 1。

4. 车内照明灯

1) 车内照明灯

车内照明灯(图 7-53)开关处于门控位置( )时,若打开轿车或从点火开关上拔出点火钥匙,车内照明灯立即自动打开。关闭车门后 20 s 左右,车内照明灯熄灭,闭锁轿车或打开点火开关后,车内照明灯关闭。

图 7 – 53　车内照明灯开关

（1）打开车内照明灯。按压开关上的符号 ⛛⛛，即可持续打开车内前/后照明灯。

（2）关闭车内照明灯，按压开关上的符号 0，即可持续关闭车内前/后照明灯。

说明：

当车内照明灯开关处于门控位置，且已拔下点火钥匙，若未关闭所有车门，则车内照明灯将亮约 10 min 后熄灭，以免蓄电池持续放电。

2）阅读灯

（1）打开阅读灯：按压相应按钮（图 7 – 54），即可打开阅读灯。

图 7 – 54　前部阅读灯

②关闭阅读灯：再按一下相应按钮，即可关闭阅读灯。

3）杂物厢和行李厢照明灯

打开或关闭前排乘员侧杂物厢或行李厢盖时其内的照明灯自动打开或关闭。

4）背景照明灯

打开点火开关及示宽灯或大灯远光灯时，前部车内顶篷上的背景照明灯（图 7 – 55）同时点亮，自上方照亮副仪表板上的操作机构。同时，还可照亮车门打开拉手和前后车门内饰板。闭锁轿车时或从点火开关上拔出钥匙数分钟后背景照明熄灭，避免消耗蓄电池电量。

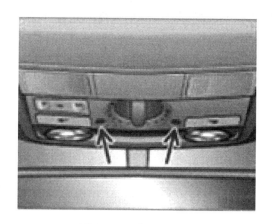

图7-55 背景照明灯

5. 转向信号灯和远光灯操纵杆的使用

转向信号灯和远光灯操纵杆除了可以控制转向灯和远光灯外，还可以用于控制驻车信号灯和前大灯闪光器，如图7-55所示。该操纵杆具有下列功能：

1）打开转向信号灯

沿箭头①方向上拨操纵杆，打开右转向信号灯，沿箭头②方向下拨操纵杆，打开左转向信号灯，如图7-56所示。

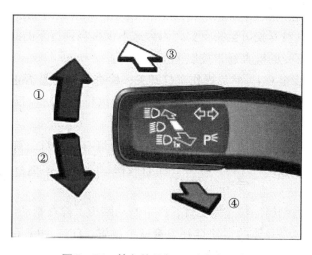

图7-56 转向信号灯/远光灯操纵杆

2）变换车道闪光

沿箭头①方向上拨或沿箭头②方向（图7-56）下拨操纵杆至阻力点，然后松开操纵杆，转向信号灯将闪亮三次，相应的转向信号灯指示灯同时闪亮。

3）打开和关闭前大灯远光灯

（1）将车灯开关拧至位置 ≣⋑（图7-51）。

（2）沿箭头③方向前推操纵杆即可打开前大灯远光灯（图7-56）。

（3）后拉操纵杆即可关闭前大灯远光灯。

4）前大灯闪光器

沿箭头④方向朝方向盘拉操纵杆即可打开前大灯闪光器（图7-56）。

5）驻车信号灯

关闭点火开关拔出钥匙。上拨或下拨操纵杆，可分别打开左侧驻车信号灯或右侧驻车信号灯。

警告：

远光灯可能对其他驾驶员产生炫目作用，若可能发生这种情况，请切勿使用远光灯或前大灯闪光器，谨防发生事故。

说明：

（1）打开点火开关后转向信号灯方起作用。打开相应转向信号灯时，组合仪表上的转向指示灯或即开始闪亮。

（2）打开前大灯近光灯后才能打开前大灯远光灯，打开前大灯远光灯后组合仪表上的指示灯即点亮。

（3）打开驻车信号灯时汽车一侧的前大灯和尾灯即点亮，从点火开关上拔下钥匙后驻车信号灯才起作用。

（4）拔出点火钥匙后若转向信号灯处于打开状态，一旦打开驾驶员侧车门，蜂鸣器即鸣响，提醒驾驶员关闭转向信号灯——除非驾驶员打开驻车信号灯。

7.3.2 灯光的检查

及时维护车外灯具对驾驶员至关重要，因为这不仅影响到行车的舒适性，而且还直接关系到行车的安全性。灯光的检查通常按以下操作进行：

（1）将点火开关旋至ON，然后操作车灯开关，检查各车灯是否正常发光或闪烁。检查车灯时，需要有人在车辆前方或后方配合，在驾驶员执行操作时，反馈驾驶员各车灯工作情况。

（2）在驾驶员座椅位置通过控制车灯开关检查的灯有示宽灯、牌照灯、尾灯、仪表板灯、近光灯、远光灯、大灯变光器、雾灯、左右转向信号灯和指示灯以及危险警告灯和指示灯。

（3）将变速杆挂入倒挡，检查倒车灯，踩下制动踏板，检查制动灯。

（4）顶灯和门控灯是一体的，顶灯开关有三个位置：ON、OFF和DOOR。将开关拨到ON位置，顶灯应该点亮，开关在OFF位置时顶灯熄灭。

7.4 空调系统的使用与维护

汽车用空调是暖风装置和制冷装置一起构成的，现在轿车上大都装有通风、暖风、制冷联合装置。汽车空调有如下功能：

1. 调节车内温度

调节车内温度是汽车空调的基本功能。汽车空调在冬季利用其采暖装置提高车内温度，轿车和中小型汽车以发动机冷却液作为暖风的热源，而大客车采用独立式加热器作为暖风的热源。在夏季，汽车空调利用其制冷装置降低车内空气温度。

2. 调节车内的湿度

普通汽车空调一般不具备这种功能，只有高级豪华汽车采用的冷暖一体化空调，才能对车内的湿度进行适量调节。

3. 调节车内的空气流动

空气的流速和方向对人体舒适性影响很大。夏季气流速度稍大，有利于人体散热降温，但过大的风速直接吹到人体上，会使人感到不舒服，舒适的气流速度一般为 0.25 m/s 左右。冬季风速大了会影响人体保温，因而冬季采暖希望气流速度尽量小一些，一般为 0.15～0.20 m/s。

4. 过滤净化车内空气

由于车内空间小，乘员密度大，车内极易出现缺氧和二氧化碳浓度过高的情况。汽车发动机废气中的一氧化碳、道路上的粉尘和野外有毒的花粉都容易进入车内，造成车内空气污浊，影响乘员的身体健康，因此必须要求汽车空调具有补充车外新鲜空气、过滤和净化车内空气的功能。

7.4.1 空调系统的结构及工作原理

捷达轿车的空调系统结构如图 7-57 所示。在鼓风机 10 的作用下，车外新鲜空气经进口 1 进入系统，并经空气过滤进口 8 流经制冷装置的蒸发器 12 和暖风装置的散热器 17。系统的控制器可根据温度指令控制分配箱 13 内部的各个活门的开度，分别调节经由蒸发器和散热器的空气流量，然后将冷热空气混合，以获得温度适宜的气流，再经由出风口 11、14、15 送入车内，在冬季还可将热空气经出风口 16 吹向风窗除霜。

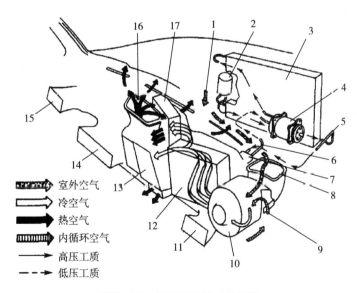

图 7-57 捷达轿车的空调系统

1—外部空气进口；2—储液罐；3—冷凝器；4—空调压缩机；5—高压管路；6—吸入管路；7—膨胀阀；8—空气过滤进口；9—内部循环空气进口；10—鼓风机；11—右侧出风口；12—蒸发器；13—分配箱；14—中间出风口；15—左侧出风口；16—除霜出风口；17—暖风散热器

暖风散热器与发动机冷却系统的管路相连，可将流过的新鲜空气加热。

制冷循环的工作原理如下:在空调压缩机 4 的作用下,制冷剂由储液罐 2 流出,经高压管路 5 流至膨胀阀 7,在膨胀阀弹簧力的作用下,制冷剂的流动受到节流作用,压力下降,体积增大而变为气态,在蒸发器 12 内蒸发,并同时吸收周围空气的热量,使流过的新鲜空气降温,进而降低车内温度。流出蒸发器 12 的气态制冷剂由管路 6 进入压缩机使其压力增加,体积缩小,再经由冷凝器 3 降温,被还原为液态,回到储液罐 2。

7.4.2 空调系统的正确使用

现在的汽车,由于品牌和车型的不同,车上可能装有半自动空调系统和自动空调系统。下面介绍这两种空调系统的使用。

1. 半自动空调系统的使用

图 7-58 所示为一汽大众车型的半自动空调系统的操作机构。按压空调操作机构的相应按钮即可打开或关闭某个相应功能,激活某个功能时按钮里的指示灯随之点亮,再按一下相应按钮即可关闭该功能。半自动空调操作机构各按钮的功能如表 7-2 所示。

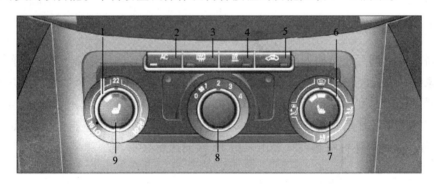

图 7-58 半自动空调系统的操作机构

表 7-2 半自动空调操作机构各按钮的功能

按钮	说明
①温度调节旋钮	将调节旋钮拧至所需位置
②AC 按钮	按压按钮即可起动或关闭空调制冷系统
③🔲	后风窗加热器:发动机运转时按压该按钮后风窗加热器才能起作用,约工作 10 min 后加热器自动关闭
⑤🚗	起动空气内循环运转模式
⑥空气分配旋钮	将旋钮拧至所需送风位置
🔲	起动除霜功能。空气吹向前风窗,同时,自动关闭处于打开状态的空气内循环运转模式,起动除霜功能后空气内循环运转模式不起作用,按压 AC 按钮,提高鼓风机转速,快速去除风窗上的雾气
🔲	空气通过仪表板上的出风口吹向乘员上身
🔲	空气吹向脚部空间
🔲	半自动空调系统(Climatic)——空气吹向前风窗和脚部空间

续表

按钮	说明
⑦左前座椅加热器	用于打开或关闭右前座椅加热器
⑧鼓风机转速调节旋钮	半自动空调系统（Climatic）0 挡：关闭鼓风机和空调系统； 4 挡：鼓风机以最高转速运转
⑨左前座椅加热器	用于打开或关闭左前座椅加热器

1）车内采暖

发动机达到工作温度时采暖系统才能输出最大热量，快速去除车窗上的霜冻。

2）车内制冷

打开空调制冷系统后不仅能降低车内温度，还能降低车内湿度，从而可提高乘员乘坐舒适性，防止车外湿度很高时车窗凝结雾气。

3）关闭空调系统

将鼓风机调节旋钮开关拧至 0 位置即可关闭空调系统，流经汽车的空气进入车内，对车内进行通风。下列原因可能导致空调制冷系统无法起动：

（1）发动机不运转。

（2）鼓风机处于关闭状态。

（3）车外温度低于 +3℃（+38℉）。

（4）发动机冷却液温度过高时系统暂时关闭制冷系统压缩机。

（5）空调熔断器熔断。

警告：

①空调系统以空气内循环模式运转时新鲜空气不能进入车内，若同时关闭制冷系统，则车窗将迅速凝结雾气，影响视线，易引发交通事故。

②空调系统操作按钮的布置取决于车型，但开关或按钮上的标记均相同，故务必按开关上的标记进行操作。

4）空气内循环模式

空调系统以空气内循环模式运转时可防止车外空气进入车内，系统自车内吸入空气，并在车内循环。汽车驶经诸如隧道或交通拥挤路段时应起动空气内循环模式，防止车外污浊难闻的气味进入车内。车外温度很低时起动空气内循环模式可使车内空气快速循环冷却，提高采暖效率，而无须对车外进入车内的冷空气加热。车外温度很高时起动空气内循环模式可使车内空气快速循环冷却，提高制冷效率，而无须对车外进入车内的热空气进行冷却。

倒车时或风窗刮水/清洗系统工作时，空调系统自动切换到空气内循环模式，以免车外污浊难闻的空气进入车内。

2. 全自动空调系统使用

在自动运行模式下，自动空调系统自动调节空气温度、空气流量及空气分配，快速达到并保持设定的温度。图 7-59 所示为大众车系的全自动空调系统操作机构，操纵机构各按钮的功能如表 7-3 所示。

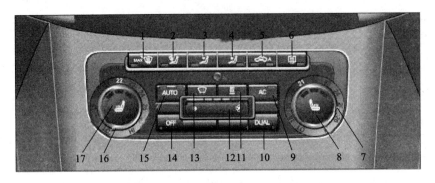

图 7-59 全自动空调系统操作机构

表 7-3 操纵机构各按钮的功能

按钮名称	按钮功能说明
12 鼓风机转速调节旋钮	系统自动控制鼓风机转速，也可手动调节鼓风机转速
17 左前座椅加热	用于打开或关闭左前座椅加热器
8 右前座椅加热	用于打开或关闭右前座椅加热器
MAX ⌘	起动除霜功能。系统将自车外吸入的空气直接吹向前风窗，同时空气内循环运转模式自动关闭。温度高于 +3℃ 时为快速去除风窗上的雾气，降低空气湿度，系统将鼓风机转速提高至最高挡
⌘	全自动空调系统（Climatronic）——向上送风
⌘	空气通过仪表板上的出风口吹向乘员上身
⌘	空气吹向脚部空间
空气内循环按钮 ⌘ A	起动空气自动内循环运转模式
后窗加热器按钮 ⌘	后风窗加热器：发动机运转时按压该按钮后风窗加热器才能起作用，约工作 10 min 后加热器自动关闭
16 温度调节旋钮	用左右调节旋钮可分别调节车厢内左右两部分的温度，将调节旋钮拧至所需位置，设定的温度显示在调节旋钮的外圈上
AC	按压按钮即可起动或关闭空调制冷系统
DUAL	组合调节驾驶员侧和前排乘员侧的温度。如 DUAL 按钮里的指示灯不亮，则设定的驾驶员侧的温度也适用于前排乘员侧。如按压该按钮或操作前排乘员侧温度调节旋钮设定前排乘员侧的温度，则车内左右两侧的温度可分别调节，按钮里的指示灯点亮
关闭空调系统 OFF	按压 OFF 按钮或按压鼓风机转速调节按钮至 0 挡，空调系统关闭时 OFF 里的指示灯点亮
AUTO	全自动空调系统（Climatronic）——系统自动控制温度、鼓风机转速和空气分配。 按压按钮：起动 AUTO High 功能（鼓风机以大流量输送空气），按钮里的右侧指示灯点亮。 再按一下按钮：起动 AUTO Low 功能（鼓风机以小流量输送空气），按钮里的左侧指示灯点亮

1) 自动运行模式

任何季节都适用的标准运行模式。全自动空调系统将车内温度全自动保持在恒温状态，自动调节输入车内的空气、鼓风机转速和送风方向，同时系统也考虑到阳光的影响，因此，无须对系统进行手动调整。自动运行模式可在全年不同气候条件下为车内乘员营造最适宜的车内环境。

（1）自动运行模式的设定。

在自动运行模式下将温度设定为 +22 ℃（+72 ℉），可使车内温度快速达到舒适状态，也可按个人需要或特殊情况更改温度设定值。车内温度的可调范围为 +18 ℃（+64 ℉）~ +26 ℃（+80 ℉）。设定的温度值分别显示在温度选择旋钮 16 和 7（图 7-59）上，此外，收音机或导航系统显示屏显示空调系统状态的相关信息。

（2）温度设定：

①按压 AUTO 按钮 15（图 7-59），起动 AUTO High 功能（鼓风机高功率输出），按钮内的右侧指示灯点亮。

②再按一次 AUTO 按钮 15（图 7-59），起动 AUTO Low 功能（鼓风机低功率输出），按钮内的左侧指示灯点亮。

③旋转温度选择旋钮开关 16 和 7（图 7-59），按需要设定温度。建议将车内温度设定为 +22 ℃（+72 ℉）。

根据车内人员数量，输入车内的空气量可在 AUTO Low 和 AUTO High 之间转换。AUTO Low 表示鼓风机以低功率输出，该运行模式适用于一或两人驾车行驶，但注意，以该模式运转时车内达到设定温度的时间较长，并且车窗易于凝结雾气；AUTO High 表示鼓风机以高功率运转，汽车满员行驶时适于采用该运行模式运转，在该运行模式下可快速达到设定的温度，车窗不易凝结雾气。

说明：

一旦按压空气分配按钮、前风窗除霜雾按钮、空气内循环按钮或鼓风机转速调节按钮，自动运行模式立即自动关闭，但仍继续调节车内温度。

2) 全自动空调系统手动运行模式

空调系统在手动运行模式下运行时可按需要手动调整空气温度、流量和送风方向。

（1）起动/关闭手动运行模式。

①按压 1 至 5（图 7-59）中的某个按钮或旋转鼓风机旋钮开关 12，AUTO 按钮 15 里的指示灯熄灭，打开手动运行模式。

②按压 AUTO 按钮 15 即可关闭手动运行模式，打开自动运行模式。

（2）温度调节。

车内左右侧温度可分别进行调节。车内温度的可调范围为 +18 ℃（+64 ℉）~ +26 ℃（+80 ℉）。设定的温度显示在各自的温度选择旋钮上。车内实际温度与车外环境状况有关，因此，显示的温度值可能略高或略低于实际温度值。

（3）鼓风机转速调节。

用鼓风机转速调节按钮 12，可调节鼓风机转速。鼓风机应尽可能以低速挡运转，确保将新鲜气流稳定送入车内。如鼓风机转速设定为 0（所有发光二极管熄灭），空调系统关闭，

OFF按钮 14 内的指示灯点亮。

(4) 空气分配。

用按钮 2、按钮 3 和按钮 4（图 7 - 59）调节送风方向。起动某项送风功能时相应按钮里的指示灯点亮，有些出风口可单独打开和关闭。

(5) 起动/关闭全自动空调系统。

除空气内循环按钮 5（图 7 - 59）、后风窗加热器按钮 6（图 7 - 59）外按压任何一个按钮均可起动全自动空调系统。用按钮 OFF 14 或将鼓风机转速旋钮开关置于 0 位即可关闭整个空调系统。

(6) 起动/关闭制冷系统。

用 AC 按钮 9 可起动和关闭制冷系统，起动制冷系统时 AC 按钮 9 里的指示灯随之点亮。打开空调制冷系统后不仅能降低车内温度，还能降低车内湿度，从而可提高提高乘员乘坐舒适性，防止车外湿度很高时车窗凝结雾气。

(7) 起动/关闭手动空气内循环模式。

①反复按压 按钮 5，直至按钮里的左侧指示灯点亮，起动手动空气内循环模式。

②按压 按钮 5，直至按钮里无指示灯点亮，手动空气内循环模式即被关闭。

(8) 起动/关闭自动空气内循环模式。

①按压 按钮 5，直至按钮里的右侧指示灯点亮，起动自动空气内循环模式。

②按压 按钮 5，直至按钮里无指示灯点亮，自动空气内循环模式即被关闭。

(9) 自动空气内循环模式。

空调系统以自动空气内循环模式运转时空气质量传感器持续分析自车外吸入的空气是否是有害废气。如空气质量传感器测得吸入空气中的有害成分急剧增加，系统将暂时起动空气内循环模式；一旦外界空气中有害物质的含量恢复到正常范围，系统自动关闭空气内循环模式，外界新鲜空气又可进入车内。

按下 按钮①对车窗除雾时空气内循环运转模式自动关闭。

车外温度低于 +4℃（+39℉）时，系统不会自动切换到空气内循环模式，以免车窗凝结雾气，如车外温度高于 +4℃（+39℉）并满足下列条件时空调系统自动切换到空气内循环模式：

风窗清洗/刮水系统处于工作状态，结束刮水后空调系统稍后切换到新鲜空气模式。

车内温度明显高于用温度选择旋钮设定的温度，并且车外温度高于 +25℃（+77℉）时系统自动切换到空气内循环模式，使车内空气迅速达到设定的温度，但 按钮 5 内的指示灯可能不亮。

(10) 全自动空调系统间接通风装置。

在手动模式下，按压 按钮 2，即可起动间接通风模式，空气流过出风口表面在自动模式下，也会自动起动间接通风装置。

7.4.2.1 制冷剂的选用

制冷剂是在制冷回路里循环工作的介质，对于制冷剂的选用有着严格的要求。R134a 是目前我国轿车许可使用的唯一制冷剂，以前用过的 R12 对大气中的臭氧层破坏作用较大，已在全球范围内禁用。安全性好、无色、无味、不燃烧、不爆炸，化学性质稳定，无腐蚀性；不破坏大气臭氧层，在大气层停留寿命短，温室效应也很小；蒸发潜热高，定压比热大，具有较好的制冷能力，但质量流量小，综合起来R134a的制冷系数与R12相当或略小，因此R134a是目前广泛应用的制冷剂。

7.4.2.2 制冷效果的检查

1. 空调系统的常规检查

为保证空调系统运行正常，平时应进行下列检查工作，检查时应将汽车停放在通风良好的场地上，保持发动机转速在2 000 r/min左右，空调机风速开最快挡，车内空气内循环。用手触摸空调系统管路及各部件，检查表面温度。正常情况下，低压管路呈低温状态，高压管路呈高温状态。

1）高压区的检查

压缩机出口→冷凝器→干燥储液器→膨胀阀进口，制冷系统高压区，这些部件应该先暖后热，是很烫的，手摸时应特别小心，避免被烫伤。如果在其中某一部分发现特别热，例如在冷凝器表面，则说明此部分有问题，散热不好。如果某一部分如储液器特别凉或者结霜（如膨胀阀入口处），也说明此部位有问题，可能有堵塞。储液器进出口之间若有明显温差，则说明此处堵塞。

2）低压区的检查

从膨胀阀→蒸发器→压缩机进口，这些部件表面应该由凉到冷，但膨胀阀处不应发生霜冻现象。

3）制冷剂泄漏判断

压缩机高低压侧应该有明显的温差，若没有明显温差，则说明几乎没有制冷剂，系统有泄漏。在检查中，若发现管道接头处、冷凝器表面、压缩机轴封、膨胀阀的进出口处等有油迹，一般情况下表明该处有泄漏现象，应对此做仔细检测。

2. 空调制冷效果检查

坐在驾驶员位置，缓慢踩下油门踏板，使发动机转速稳定在1 500 r/min，鼓风机速度控制开关处于高位，A/C开关处于ON的位置，温度控制设为最冷，将手伸到空调出风口前感受有无冷风吹出，如果短时间内明显感觉有冷风吹出，说明空调的制冷效果良好。

3. 空调粉尘滤清器更换

该滤清器由颗粒滤芯和活性炭滤芯组成，用于阻挡车外空气中的杂质（包括灰尘和花粉）进入车内。

为保证空调系统发挥最大效率，必须按规定定期更换粉尘滤清器。若在空气污染严重的地区使用汽车，粉尘滤清器可能提前失效，故应增加滤清器的更换次数。

说明：

（1）车外湿度和温度均很高时空气中的水分将凝结在制冷系统冷凝器上，形成水滴，从蒸发器上滴下，致使车下积水，此属正常现象。

（2）前风窗前的打开进气口应畅通，不得被雪、冰和树叶堵塞，确保系统正常采暖和制冷，防止前风窗凝结雾气。

（3）出风口输出的空气流经整个车厢，然后经后风窗下的排气口派出车外，排气口切勿被衣物或其他物品覆盖，导致空气流通不畅。

（4）车窗和天窗均关闭后空调系统才能发挥最大效率，但若汽车处在烈日照射下车内很热时，则应短时打开车窗，使车内热空气散逸，加快车内制冷。

7.5 驾驶员辅助系统

根据统计，在德国发生的造成人员受伤的交通事故中，有 1/6 涉及与前方行驶车辆或停放车辆的碰撞；同样有 1/6 的事故原因，是车辆在未受外界影响的情况下脱离了自己的车道。现代化的驾驶员辅助系统为所有交通参与者提供了最高标准的安全性，同时可将严重事故的发生概率减少 50%。不断优化的环境传感器，如雷达、视频和超声波，始终监测着车辆的周围情况。它们在很多情况中都可以帮助驾驶员，同时还提高了驾驶舒适性。

1. 自动驻车功能

迈腾轿车通过自动驻车功能，自动防止汽车在静止状态下自行移动，从而无须用脚制动器使汽车停住。如识别到汽车静止且松开制动踏板时，自动驻车功能将使汽车停住。组合仪表显示屏中用于通过行车制动器停车的绿色指示灯 ⓟ 亮起。

当驾驶员起步时，自动驻车功能关闭电子驻车制动器。组合仪表显示屏中的绿色指示灯 ⓟ 再次熄灭，根据道路坡度汽车开始移动。

2. 带有限速器的定速巡航装置 GRA

定速巡航装置（GRA）帮助汽车持续保持驾驶员所存储的车速。定速巡航装置（GRA）帮助汽车在向前行驶时持续保持约 20 km/h 起的驾驶员所存储的某个车速。GRA 只通过减少给油减速，不通过制动干预减速。

GRA 装置通过干预发动机管理系统实现限速器的功能。限速器无法自动进行制动干预，通过油门踏板只能在识别到强制降挡时，暂时取消预选的极限速度。制动器和离合器不会导致系统关闭。

限速器的作用是将车速限定在预设的最高车速，即使在驾驶员踩下油门踏板要求更高车速的情况下，以保持更加舒适的、限定的车速行驶。

3. 调节距离的驾驶员辅助系统

驾驶员辅助系统包括预碰撞安全系统和自动车距控制系统（ACC），自动车距控制系统（ACC）在模块五里面已经介绍，这里只介绍预碰撞安全系统。

预碰撞安全系统（Front Assist）监控与前车的距离并识别危险距离。它是一个存在潜在碰撞事故时，可以发出警告并自动制动的系统。存在潜在碰撞事故时，它有助于在系统极限内减轻事故后果或在理想的情况下避免事故。

预碰撞安全系统的系统组成部分包括城市紧急制动功能和行人识别功能。当预碰撞安全系统在较高的车速下对潜在碰撞发出警告时以及在必要时自动为车辆减速时，城市紧急制动系统承担在城市交通中的任务。此前带有城市紧急制动系统的预碰撞安全系统仅识别车辆，现在新研发的系统还首次实现了对行人的识别。

1）预碰撞安全系统的作用

（1）监控：预碰撞安全系统通过安装在车辆前部散热器格栅中的雷达传感器持续监控与前车的距离。

（2）警告：预碰撞安全系统在紧急情况下对制动器进行预处理并通过光学和声学警告

以及第二步通过制动振动提示必要的反应，通过这种方式为驾驶员提供支持。

（3）自动减速：如果驾驶员的制动动作过小，则预碰撞安全系统将产生避免碰撞所需的足够制动压力。如果驾驶员完全没有制动，预碰撞安全系统将自动为车辆减速。

（4）自动紧急制动：如果驾驶员对这些警告没有反应，将自动开始有针对性制动。

2）预碰撞安全系统的功能

（1）城市紧急制动功能。

城市紧急制动功能是预碰撞安全系统的扩展，在低车速时监控车辆前方的区域。

①监控：城市紧急制动功能持续监控与前车的距离。

②警告：首先以光学和声音的方式警告驾驶员，然后以制动振动的方式警告驾驶员（车速范围30～50 km/h）。

③自动减速：如果驾驶员在紧急情况中制动动作过小，则预碰撞安全系统将产生避免碰撞所需的足够制动压力。如果驾驶员完全没有制动，预碰撞安全系统将自动为车辆减速。

（2）行人识别功能。

带有行人识别功能的预碰撞安全系统结合了雷达传感器的信息和前部摄像头的信号，用于识别道路边缘和车道上的行人。如果识别到行人，系统将发出声音和光学警告并在必要时进行制动。

4. 对泊车提供支持的驾驶员辅助系统

1）可视泊车系统（OPS）

可视泊车系统（OPS）是泊车辅助装置的软件升级版。它可以为驾驶员提供声音和视觉上的支持。2013款Golf及2015款Passat等车型都装有360°可视泊车系统（OPS）。

360°可视泊车系统（OPS）除了车头和车尾区域以外，还可以监控和显示车辆两侧，即侧面区域。通过以下方式激活或关闭系统：

（1）泊车辅助系统按钮E266。

（2）通过挂入倒车挡。

（3）在倒车行驶时。

（4）车速低于10 km/h的情况下，系统在车头区域探测到一个障碍物时。例如在缓慢泊入车库时，两侧区域的显示不仅仅基于外部PDC传感器直接测量到的数值，因为其无法探测到车辆两侧的情况。为实现前进或倒车时对侧面情况的识别，以及保存可能出现的障碍物的信号，还要考虑转向角传感器（转向角度）以及ABS系统（行驶里程）的信号。

2）泊车辅助系统 – Park Assist（PLA 3.0）

通过泊车辅助系统PLA 3.0再次实现了对PLA 2.0功能范围的扩展。系统现在还可以实现向前泊入横向车位，自动识别合适的泊车方案（纵向或横向泊车）。在泊入过程中（和以往一样），系统将接管转向系统的功能。驾驶员仍需负责油门、制动和离合器的操作。

通过泊车辅助系统按钮E581（图7-60）激活泊车辅助系统。通过按钮中的泊车辅助系统指示灯K241显示功能已激活。驾驶员还可以通过泊车辅助系统按钮选择备选泊车方案。在组合仪表的显示屏上显示备选方案。

图7-60 泊车辅助系统按钮E581

因为系统现在可以泊入多种类型的停车位，因此对组合仪表显示屏的显示也进行了相应优化。

（1）无须事先驶过停车位。

在无须事先驶过停车位的条件下，向前泊入横向停车位。通过车头部分进入停车位（卡住）的方式识别停车位，激活泊车辅助系统后，可能需要分多步完成泊入过程（最多分10步）。

泊入条件：

①停车位宽度必须至少为本车车宽加80 cm。

②行车道必须至少为本车车宽加1 m。

③泊入车速最高为7 km/h。

（2）需要事先驶过停车位。

在需要事先驶过停车位的条件下，向前泊入横向停车位，通过驶过的方式识别停车位，激活泊车辅助系统后，可能需要分多步完成泊入过程。

泊入条件：

①停车位宽度必须至少为车宽加80 cm。

②驶过时，车速最高为20 km/h。

③泊入车速最高为7 km/h。

5. 换道辅助系统（Side Assist）

如果其他车辆从后部接近并进入到可探测距离内时，换道辅助系统（Side Assist）将向驾驶员发出警告，通过这种方式在超车或更换车道过程中，为驾驶员提供帮助。因此可以避免在高速公路和类似高速公路的道路上换道时发生事故。

安装在前后保险杠中的两个雷达传感器监控本车旁边的以及后部左右两侧最远70 m的行驶区域。当车速超过10 km/h时，系统激活，根据情况分为信息级和警告级警示。

当系统识别到一个未显示换道（没有打开转向灯）的潜在危险时，将通过相应后视镜壳体中微微闪光的警告灯通知驾驶员。

警告：

当存在一个潜在的危险状况并且驾驶员通过打开相应的转向灯表示换道时，将切换到警告级。如果还安装了车道保持辅助系统，在向危险一侧做出转向动作时也会激活警告级（即使没有打开转向灯），超出车道时，将自动进行车辆的反向转向。

6. 疲劳识别系统（MKE）

当驾驶方式出现疲劳迹象时，疲劳识别系统建议驾驶员休息。系统识别到与正常驾驶方式有差异并支持在高速公路和路况良好的道路上有安全意识地行驶。

在MIB的操作和显示单元上，通过输入"疲劳识别，系统激活"的方式进行激活和关闭，汽车行驶约15 min后，系统激活。这段时间用来分析驾驶方式。

车速高于65 km/h时，系统开始持续分析驾驶方式并得出驾驶员是否疲劳驾驶的结论。

除了转向行为外，还将记录行驶状况的数据（车速、油门踏板动作、转向信号灯、白昼时间、行驶时间等）以及驾驶员对设置和舒适元件的操作动作（空调器、电话的操作等），通过CAN数据总线向数据总线的诊断接口发送相关信息并进行分析。识别到驾驶员疲劳时，通过光学和声学信号发出休息建议。为此将在组合仪表的多功能显示屏上显示要求休息的5 s文本并发出声音警报，15 min后将重复一次此提示。

7. 多重碰撞制动系统

22%的事故属于多次碰撞，也就是多重碰撞。在这些事故中，除了第一次碰撞以外，还会发生与路沿或对面来车发生其他碰撞。通过制动干预应防止后续碰撞或减少后续碰撞的碰撞能量。

多重碰撞制动系统在识别到碰撞发生时会激活自动制动干预。多重碰撞制动系统以不高于6 m/s^{2}的减速度为车轮减速，同时激活紧急制动灯和报警闪烁灯。

组合仪表中的ESP灯会告知驾驶员已经开始制动干预。原则上，多重碰撞制动系统采取的制动会将车速降低至10 km/h。因此根据不同的事故状况，即使在碰撞后，驾驶员仍能控制车辆。

为了触发多重碰撞制动系统，安全气囊控制单元会向制动器控制单元发送相应的信息。激活多重碰撞制动系统仅需使用安全气囊控制单元的传感器。

驾驶员可以随时关闭多重碰撞制动系统。如果驾驶员加速或以较大的减速度进行全力制动，则将关闭系统。

7.6 其他辅助系统的正确使用与维护

7.6.1 后视镜的正确使用

汽车后视镜用来反映汽车后方、侧方和下方的情况，使驾驶员能够间接地看清楚这些位置，后视镜是汽车的重要安全部件。

后视镜按其安装位置的不同分为内后视镜、外后视镜和下视镜。内后视镜安装在车身内部，用于观察车辆后方的情况，一般为平面镜，绝大多数带有防炫目的功能。外后视镜反映汽车的侧后方的情况，下后视镜反映汽车前下方的情况。外后视镜和下视镜常使用凸面镜，以扩大视野。轿车和其他轻型乘用车装配内后视镜和外后视镜，大型商用汽车（大客车和大货车）一般装配内后视镜、外后视镜和下后视镜。

1. 内后视镜

内后视镜装在靠近驾驶员眼睛处。由于夜间受后方车辆的前大灯照射时，从镜面反射的光线易使驾驶员处于炫目状态而发生危险，因此一般多采用防炫目后视镜。

1）手动防炫目车内后视镜

该镜（图7-61）底部边缘有一调整杆，处于基本位置时调整杆应指向前方；若需将后视镜调为防炫目状态,则应该将杆后拉。

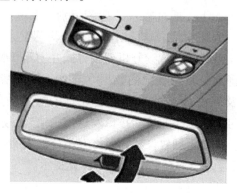

图7-61 手动防炫目车内后视镜

2)自动防炫目车内后视镜

打开点火开关后车内后视镜(图7-62)根据车外光线强度自动变暗,挂入倒挡时后视镜自动取消变暗功能。

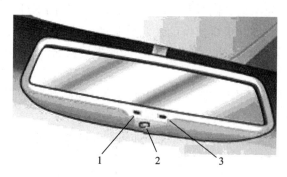

图7-62 自动防炫目车内后视镜
1—指示灯;2—开关;3—入射光线强度传感器

用车内后视镜上的开关2打开和关闭自动防炫目功能。打开防炫目功能时指示灯1随即点亮。打开点火开关后传感器3根据探测到入射光线的强度自动调暗车内后视镜。

说明:

(1)挂入倒挡或打开车内照明灯或阅读灯时自动防炫目功能自动关闭。

(2)如遮挡或阻断照射到传感器上的光线(例如遮阳帘),则自动防炫目车内后视镜将不起防炫目作用或不能正常工作。

警告:

如自动防炫目车内后视镜的玻璃破裂,可能从镜内流出电解液,电解液对皮肤、眼睛和呼吸器官有刺激作用。流出的电解液必须用大量清水立即冲洗干净,必要时就医诊治。

2. 外后视镜

车外后视镜的主要作用是帮助驾驶员看清汽车侧后方的情况。现代轿车上都使用电动后视镜,驾驶员可以通过身边的开关方便地调整后视镜的角度。图7-63所示为轿车位于驾驶员侧车门上的电动折叠车外后视镜调整旋钮,按需要将调整旋钮拧至如表7-4所示的下列位置时,即可调整车外后视镜。

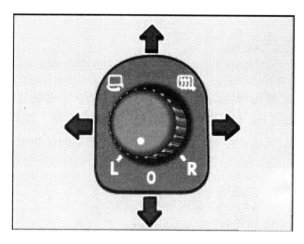

图 7-63 车外后视镜调整旋钮

表 7-4 车外后视镜调节说明

按钮	功能
🖙	电动折叠车外后视镜
▥	打开车外后视镜加热器。环境温度低于 +20℃(+68℉)时加热器才起作用
L	调整左侧车外后视镜,上、下、左、右推旋钮即可将后视镜调整至合适位置
R	调整右侧车外后视镜,上、下、左、右推旋钮即可将后视镜调整至合适位置
0	中间位置。打开车外后视镜,关闭车外后视镜加热器,不能调整车外后视镜

(1)车外后视镜调整方法:
①将旋钮拧至位置 L(左侧车外后视镜)。
②按图 7-63 所示箭头方向推旋钮,将后视镜调至最佳视野位置。
③将旋钮拧至位置 R(右侧车外后视镜)。
④按图 7-63 所示箭头方向推旋钮,将后视镜调至最佳后视位置。
(2)打开/关闭车外后视镜加热器。
①将旋钮拧至位置▥即可加热后视镜。
②将旋钮拧至位置 L、R 或 0,即可关闭加热器。
(3)电动收折/打开车外后视镜。
①将旋钮拧至位置🖙即可收折车外后视镜,如汽车驶经诸如自动洗车机等狭窄场所时务必收折车外后视镜,以免损坏后视镜。
②将旋钮拧至其他任一位置即可打开车外后视镜。
(4)同步调整车外后视镜。
利用 Convenience(舒适系统)菜单可将车外后视镜设定为调整单个后视镜或同步调整两个后视镜。如选择同步调整功能,则可按下述方法同时调整左右车外后视镜:
①将旋钮拧至位置 L(左侧车外后视镜)。
②按图 7-63 所示箭头方向推旋钮,将后视镜调至最佳视野位置。右侧车外后视镜将同

时调整至合适位置（同步化调整）。如需要，可将旋钮拧至位置 R，校正右侧车外后视镜位置。

7.6.2 电动车窗的正确使用

1. 电动门窗的正确使用

电动门窗是指在驾驶室用开关就能自动升降门窗玻璃，使驾驶员在行车过程中，也能安全方便地开关门窗。电动门窗主要由门窗电动机、玻璃升降器、控制开关及其控制电路组成。此外，为吸收冲击对机构的影响，一般都装有吸收冲击的缓冲装置。轿车驾驶员侧车门前后排电动门窗按钮如图 7-64 所示：

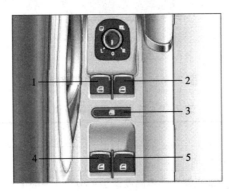

图 7-64　驾驶员侧车门前后排电动门窗按钮
1—左前车门电动门窗按钮；2—右前车门电动门窗按钮；3—安全开关，用于锁止后排车门电动门窗按钮；4—左后车门电动门窗按钮；5—右后车门电动门窗按钮

（1）打开和关闭门窗方法。

用驾驶员侧车门上的中央操作按钮，可操控车内所有电动门窗，同时各车门均配有各自的门窗操控按钮。

①按压按钮即可打开相应门窗。

②上提相应按钮即可关闭相应门窗。

（2）单触打开和关闭车窗玻璃。

①利用单触功能，即单次点触开关，无须按住按钮，即可打开或关闭车窗玻璃。电动门窗按钮打开和关闭门窗时，上下各有两挡位置，从而便将门窗升降至所需位置。

②单触关闭车窗玻璃。

将相应门窗的电动门窗按钮上提至二挡位置，相应门窗将完全关闭。

③恢复电动门窗单触开/关功能。

断开汽车蓄电池或蓄电池无电时电动门窗单触功能不起作用，门窗无法完全关闭，必须按下述过程恢复单触功能：

a. 关闭所有门窗和车门。

b. 上提电动门窗按钮，并将按钮保持在上提位置至少 1 s。

c. 松开按钮，然后再次上提并保持在上提位置，至此单触功能恢复。可单独恢复某个电动门窗按钮的单触功能，也可同时恢复数个电动门窗按钮的单触功能。如下按（上提）某个电动门窗按钮至一挡位置，在驾驶员松开按钮前门窗玻璃将一直下降（或上升）；如将按钮下按（或上提）至二挡位置，相应门窗自动完全打开（单触打开功能）或完全关闭（单触关闭功能）。门窗单触打开或关闭过程中如操作相应按钮，门窗立即停止运动。关闭点火开关后如未打开驾驶员侧车门，则在约 10 min 内电动门窗单触开/关功能仍起作用。若电动门窗系统发生故障，单触功能和防夹功能均不起作用。

（3）电动门窗防夹功能。

关闭门窗时电动门窗防夹功能可有效防止门窗玻璃夹伤乘员。门窗自动关闭时若门窗玻璃运动受阻，则门窗玻璃立即停在受阻位置并打开。若 10 s 内再次关闭门窗，门窗仍因受阻或发滞无法关闭，则门窗自动关闭功能将被关闭 10 s。若门窗仍受阻，门窗将停在受阻位置。若在 10 s 内再次按住相应按钮尝试关闭门窗，系统将关闭防夹功能，门窗上升数厘米之后，系统再次激活防夹功能，若门窗仍受阻，门窗将停止不动。若超过 10 s 后再操作按钮，则门窗将完全打开，系统再次激活单触功能。若电动门窗系统发生故障，单触功能和防夹功能均不起作用。

（4）电动门窗方便开/关功能。

利用该功能可在车外打开和关闭门窗。

①按住遥控钥匙上的打开按钮或闭锁按钮，所有电动门窗均将打开或关闭。

②松开闭锁按钮或打开按钮，门窗立即停止打开或关闭。

（5）电动门窗升降器的检查。

在断开并连接蓄电池后，电动车窗升降器的自动上升和下降功能失效。因此在交车前必须重新检查电动门窗升降器的定位情况，设置车窗升降器，设置后不允许再断开蓄电池。

执行下列操作步骤，可以设置电动车窗升降器：

①打开点火开关。

②完全关闭所有车窗和车门。

③当车窗已关闭时，上拉开关，并至少保持在该位置 1 s。

④再次拉紧开关 1 s。然后必须通过按下开关自动降下侧窗玻璃，并在拉紧开关时重新自动升高。

⑤关闭点火开关。

说明：以上操作是以左前车窗升降器为例，其他车窗升降器的定位方法相同，也是通过操作驾驶员车门内的开关来进行。

警告：在断开并连接蓄电池后，电动车窗升降器的防夹功能失灵，因此可能造成严重的挤伤。

2. 天窗的正确使用

常见的轿车天窗有可滑动/翻开两种模式的天窗、可倾斜打开的全景天窗和可滑动打开的全景天窗，这里介绍常见的两种即迈腾、速腾、高尔夫所用的可滑动和翻开的普通天窗和 CC 等车型装备的可滑动的全景天窗。

1）滑动/翻开式天窗（图 7-65）的正确使用

（1）打开滑动/翻开式天窗。

①将旋钮开关拧至 2 位置，天窗打开至风噪较小的合适位置。

②如果需要继续打开天窗，将旋钮开关拧至位置 3，并保持在该位置，直到天窗打开至所需位置。

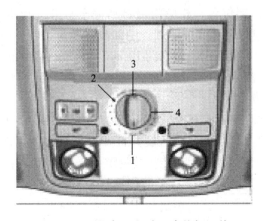

图 7-65 滑动/翻开式天窗旋钮开关

1—关闭天窗；2—天窗方便关闭位置；3—天窗完全打开；4—翻开天窗

（2）翻开滑动/翻开式天窗。

将旋钮开关拧至位置 4，即可翻开天窗。

（3）关闭滑动/翻开式天窗。

将旋钮开关拧至 1 位置，关闭天窗。

说明： 打开点火开关后滑动/翻开式天窗才能工作，关闭点火开关后短时间内若未打开驾驶员侧车门和前排乘员侧车门，则仍可用旋钮开关操控天窗。

2）可倾斜开启全景式天窗的正确使用

天窗的另一种结构是可倾斜开启全景式天窗（图 7-66），一汽大众生产的 CC 轿车天窗就是这种结构。点火开关打开后用图 7-66 所示按钮即可打开和关闭可倾斜开启全景式天窗。

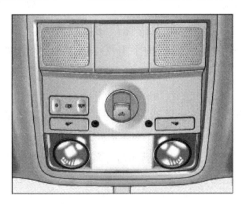

图 7-66 可倾斜开启全景式天窗按钮

（1）打开可倾斜开启全景式天窗。

按一下按钮，即可完全打开可倾斜开启全景式天窗，如再按一下按钮，立即中断倾斜打开过程。如需手动打开至不同位置，则可持续按住按钮，直至天窗打开至所需位置时松开按钮。

（2）关闭可倾斜开启全景式天窗。

①按一下按钮，即可完全关闭可倾斜开启全景式天窗，如再按一下按钮，立即中断关闭过程。

②拉住按钮，直至天窗关闭至所需位置。

(3) 方便倾斜打开功能。

①按压遥控钥匙上的开启按钮 3 s 以上，即可倾斜打开天窗。

②松开开启按钮，立即中断打开过程。

(4) 方便关闭功能。

①按压遥控钥匙上的闭锁按钮 3 s 以上，即可关闭天窗。

②松开打开按钮，立即中断打开过程。

(5) 可倾斜开启全景式天窗防夹功能。

可倾斜开启全景式天窗具有防夹功能。关闭天窗时可防止天窗夹住大的物品，但该功能不能防止天窗夹住手指。关闭天窗时如天窗运动受阻，天窗停止关闭，并随之立即打开。若发生上述情况，则必须在 5 s 内上拉按钮关闭用防夹功能倾斜打开的天窗，直至天窗完全关闭，但请注意，此后关闭天窗时天窗无防夹功能。

7.6.3 风窗洗涤装置的正确使用及检查

1. 风窗洗涤装置的正确使用

1) 风窗玻璃刮水器

刮水器的作用是用来清除风窗玻璃上的雨水、雪或尘土，以确保驾驶员良好的能见度，汽车在前风挡玻璃的前方安装了风窗玻璃刮水器。刮水器有前风窗刮水器和后风窗刮水器。目前汽车上广泛使用的是电动刮水器。电动刮水器由直流电动机和一套传动机构组成，如图 7 - 67 所示。电动机旋转经减速和连动机构的作用变成雨刮臂的摆动。

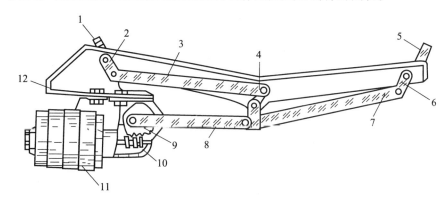

图 7 - 67 电动刮水器

1, 5—刷架；2, 4, 6—摆杆；3, 7, 8—拉杆；9—蜗轮；10—蜗杆；11—电动机；12—底板

用风窗刮水器操纵杆可操控风窗玻璃刮水器及清洗/刮水系统。下面以一汽大众生产的迈腾 B7L 轿车车窗玻璃刮水器（图 7 - 66）为例，介绍车窗玻璃刮水器的具体操作方法，其他车型可能开关方向不同。

风窗刮水器的操纵杆（图 7 - 68）设有下列操作位置：

(1) 间歇刮水。

①将操纵杆上拨至 1 位置。

②左拨或右拨开关 A，设定刮水间隔时间。左拨——延长刮水间隔时间，右拨——缩短刮水间隔时间。刮水间隔时间分为四挡，可用开关 A 设定间隔时间。

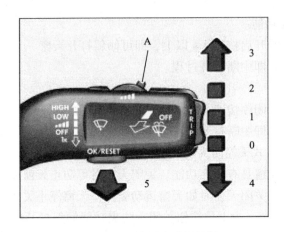

图 7-68　风窗刮水器操纵杆

（2）慢速刮水。

将操纵杆上拨至 2 位置。

（3）快速刮水。

将操纵杆上拨至 3 位置。

（4）点动刮水。

将操纵杆下拨至 4 位置，刮水器即开始短促刮水。如将操纵杆保持在下拨位置，刮水器将加快刮水速度。

（5）清洗和刮水系统。

①沿箭头 5 的方向向方向盘侧拉操纵杆，系统立即起动清洗功能清洗风窗玻璃，刮水器稍后开始刮水。车速超过 120 km/h 时清洗和刮水系统同时工作。

②松开操纵杆，清洗器停止工作，刮水器继续工作约 4 s。

（6）关闭刮水器。

将操纵杆上拨至 0 位置。

（7）维护位置。

如将点火开关短暂打开后再关闭，并下拨风窗刮水器操纵杆，风窗刮水器将移至维护位置（图 7-69），在此位置可将刮水器臂抬离风窗玻璃，避免其冬天冻结在风窗上。

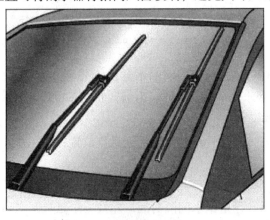

图 7-69　处于维护位置的刮水器

说明：

①打开点火开关，并且发动机舱盖和行李厢盖均处于关闭状态时风窗刮水器才能工作。

②风窗间歇刮水功能与车速有关。轿车车速越高，刮水频率越快。

③汽车起步行驶前若操纵杆处于位置2或3，系统自动将刮水速度降低一挡，起步行驶后又恢复为选定的刮水速度。

④发动机舱盖必须处于关闭状态。

警告：

①寒冷冰冻条件下使用刮水器前务必检查刮水片是否冻结在风窗玻璃上。否则，一旦打开刮水器，可能损坏刮水片和刮水器电动机。

②清洗/刮水系统工作时切换到内循环模式，并运转30 s，防止风窗清洗液的气味进入车内。

③刮水器会尽可能刮除风窗玻璃上的滞留物，若滞留物阻塞刮水通道，刮水器将停止刮水，故应及时清除滞留物，然后再打开刮水器。

④刮水器处于维护位置时才可将刮水器臂抬离风窗玻璃，避免损坏发动机舱盖和刮水器臂。

⑤轿车起步行驶前务必将刮水器臂折回到风窗玻璃上。

⑥提起或翻开刮水片时只可抓住刮水片固定点周围的刮水器臂。

2）雨量传感器的正确使用

雨量传感器处于打开状态时如风窗玻璃潮湿，风窗刮水器自动起动，并根据雨量大小调节刮水频率。用风窗刮水器操纵杆（图7-70）上的开关A可手动调节雨量传感器的灵敏度。

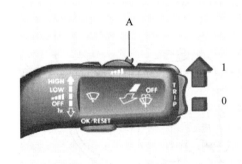

图7-70 风窗刮水器操纵杆：雨量传感器灵敏度调整

0—退出雨量传感器自动控制功能；1—激活雨量传感器，必要时自动刮水；A—手动调整雨量传感器灵敏度

（1）打开雨量传感器。

①将操纵杆上拨至位置1。

②左拨或右拨开关A，设定雨量传感器的灵敏度。左拨开关：提高灵敏度；右拨开关：降低灵敏度。

（2）关闭雨量传感器。

将操纵杆自间歇刮水位置1拨回至基准位置0即可关闭雨量传感器。雨量传感器是间歇刮水功能的一个部件,关闭然后再打开点火开关后雨量传感器仍处在激活状态,如操纵杆处在位置1,且车速高于16 km/h时雨量传感器开始起调节作用。

说明:

应定期清洗雨量传感器感应面,并检查刮水片是否损坏,确保雨量传感器正常工作。建议用含酒精的玻璃清洁剂清除风窗玻璃上的蜡和抛光剂。

3) 前大灯清洗装置的正确使用

一些高档汽车配备了前大灯清洗装置,该装置主要用于清洗大灯灯罩,可改善照明状况和夜间视线。

打开点火开关,同时使近光灯和远光灯处于打开状态,将风窗刮水器的操纵杆沿箭头5 (图7-67) 的方向朝方向盘侧拉,大灯清洗装置自动起动。应定期(例如添加燃油时)清除前大灯灯罩上黏结牢固的污物(例如昆虫等污渍)。

说明:

为确保前大灯清洗器冬季工作正常,应使保险杠上的清洗液喷嘴支架始终保持无雪状态,并用除冰喷雾器清除其上的结冰。

4) 风窗洗涤装置的正确使用

为了更好地消除附在风窗玻璃上的污物,在汽车上增设了风窗玻璃洗涤器,与刮水器配合工作,保证驾驶员有良好的视野。

风窗玻璃洗涤器由洗涤液罐、洗涤液泵、软管、三通、喷嘴及刮水器开关组成,如图7-71所示。洗涤泵由永磁直流电动机和离心式液片泵组成。喷射压力为70~88 kPa。喷嘴安装在风窗玻璃下面,其喷嘴方向可以调整,使水喷射在风窗玻璃的合适位置。洗涤泵连续工作的时间一般不超过1 min,使用时应先打开洗涤泵后打开刮水器。在喷水停止后,刮水器应继续刮2~5次,这样配合使用才能达到良好的洗涤效果。所以洗涤器的电路一般与刮水器开关联合工作的。

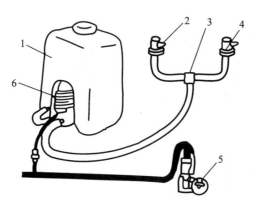

图7-71 风窗玻璃洗涤器

1—洗涤液罐;2,4—喷嘴;3—三通;5—刮水器开关;6—洗涤液泵

2. 风窗洗涤装置的检查

1) 检查玻璃清洁剂

检查玻璃清洁剂的防冻剂含量,必要时加注玻璃清洁剂。

检查所需要的专用工具(图7-72)折射计,请在明暗分界线上读取下列检测的准确数值。为了更好地分辨明暗分界线，用吸管在折射计玻璃上滴一滴水进行调零，然后即可通过零线明确识别明暗分界线。用折射计能检查玻璃清洗液的防冻温度，折射计的刻度盘 1 用于测量玻璃清洁液原液的防冻温度，刻度盘 2 用于测量混合后的玻璃清洁剂的防冻温度。表 7 – 5 所示为一汽大众车型常用的不同混合比的玻璃清洁剂的防冻温度。

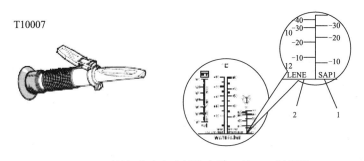

图 7 – 72　检查玻璃清洁剂的专用工具——折射计

1—用于测量玻璃清洁液原液的防冻温度；2—用于测量混合后的玻璃清洁剂的防冻温度

表 7 – 5　一汽大众车型常用的不同混合比的玻璃清洁剂的防冻温度

防冻温度	玻璃清洁剂 G 052 164	水
−17℃／−18℃	1 份	3 份
−22℃／−23℃	1 份	2 份
−37℃／−38℃	1 份	1 份

加注液体：必须加注至车窗玻璃清洗装置储液罐的边缘。

2）检查和添加风窗清洗液。

在汽车的使用过程中，应定期检查风窗清洗液液位，并视情况添加清洗液。

（1）打开发动机舱盖，清洗液储液罐盖（图 7 – 73）上标有符号 ![symbol]，以便于识别。

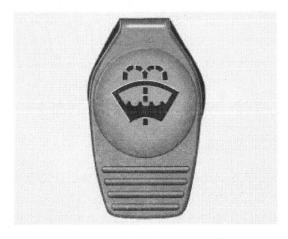

图 7 – 73　风窗清洗液储液罐盖

（2）检查储液罐内的清洗液是否充足。

（3）添加清洗液。因纯水不能彻底洗净风窗玻璃，故建议在纯水中添加厂家推荐的清洗液添加剂。

（4）务必按添加剂包装容器上的配比说明配制风窗清洗液。低温气候条件下还应添加专用防冻剂，防止清洗液冻结。

警告：

风窗清洗液中切勿混入防冻剂或其他不合适的添加剂，否则，可能在前风窗或后风窗玻璃上形成油膜，影响前方视野。

3）检测喷嘴调节装置

检测喷嘴调节装置，必要时进行调节。

所需要的专用工具和维修设备调节工具如图7-74所示。如果由于喷嘴中有杂质而导致喷射区不均匀，应该拆下喷嘴，然后用水沿与喷射相反的方向冲洗喷嘴。接着可以用压缩空气沿与喷射相反的方向吹洗喷嘴，请勿使用其他物质清洁喷嘴。

使用挡风玻璃喷嘴调节装置可以对喷嘴进行预调节，但仅能补偿较小的高度偏差。如果两个喷射区处于不同高度（图7-75），用调节工具向上或向下调节喷嘴，以校正喷射方向（图7-76）。

图7-74 挡风玻璃喷嘴调节工具

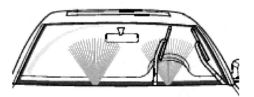

图7-75 挡风玻璃喷嘴喷射区域

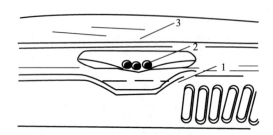

图7-76 喷嘴喷射区域校正

1—挡风玻璃前导流板；2—扇形喷嘴；3—发动机舱盖

7.6.4 座椅的正确使用及检查

座椅是车身内部的重要装置。座椅的作用是支撑人体，使驾驶操作方便和乘坐舒适。座椅由骨架、坐垫、靠背和调节机构等部分组成，如图7-77所示。

座椅骨架一般用轧制型材（钢管、型钢）或冲压成型的钢板焊接而成。坐垫和靠背的尺寸和形状应按人体工程学进行设计，与人体结构特点相适应，以使人体与座椅接触的压力合理分布，保证乘坐舒适。为避免人体在汽车行驶时左右摇晃而引起疲劳，坐垫和靠背中部略为凹陷（有些座椅设计成簸箕形）并在其表面制成凹入的格线以提高人体的附着性能且改善透气性。

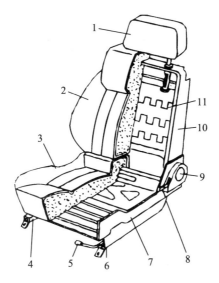

图 7-77 驾驶员座椅

1—头枕；2—靠背芯子及蒙皮；3—坐垫芯子及蒙皮；4—右滑轨；5—行程调节手柄；6—左滑轨；
7—坐垫骨架；8—角度调节手柄；9—靠背角度调节器；10—靠背骨架；11—靠背弹簧

坐垫和靠背的覆饰材料应具有美观、强度高、耐磨、阻燃等性能。座椅面料采用富有弹性的针织布料能很好地适应座椅在人体重力作用下的反复变形。采用起毛织物可增加吸湿性和透气性，其原料以纯羊毛最好，但价格较高。真皮座椅面料虽价格高昂但耐用，适于高级轿车。普通汽车的座椅面料通常采用人造革或连皮发泡塑料，以便于擦拭。

座椅调节机构的作用是改变座椅与驾驶操纵机构的相对位置以适应不同身材的驾驶员的需要，如图 7-76 所示。最基本的两种调节方式是座椅行程调节和靠背角度调节。行程调节装置可使座椅在左右两根滑轨 6 与 4 上前后移动。拉起手柄 5 可使移动的卡爪与固定的齿条脱开；手柄放松时，卡爪在复位弹簧作用下重新与齿条某个齿扣紧。靠背角度调节器 9 的内部有发条状弹簧、齿轮、卡爪等。发条状弹簧两端分别与坐垫和靠背相连，使靠背有向前倾翻的趋势，装在靠背上的齿轮亦随之翻转过相同的角度。扳动手柄 8 就可操纵装在坐垫上的卡爪扣住齿轮某个齿从而使靠背定位。

现代中高级轿车的座椅调节机构用微型电动机驱动，如图 7-78 所示。电动机的数量取决于电动座椅的类型，奥迪 A6 轿车驾驶席座椅有 8 种可调方式：前端上、下调节；后端上、下调节；前、后调节；向前、向后倾斜调节。带存储功能的电动座椅采用了微机控制，它能将选定的座椅调节位置进行存储，可记忆多个驾驶员所需的调节方式，使用时只要按指定的按键开关，座椅就会自动地调节到预先选定的座椅位置上。

1. 机械座椅的调整

调整机械式前排座椅时，右前座椅的调整机构与左前座椅呈对称布置（图 7-79），下面我们以左前排座椅为例加以说明。

（1）调整座椅前后位置。

①上拉手柄 1，前后移动座椅至合适位置。

②松开手柄 1，再移动一下座椅，直至其卡定。

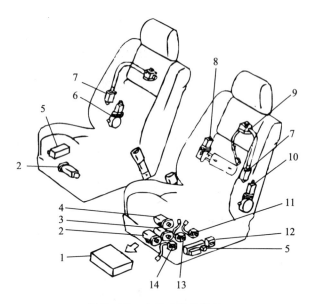

图 7-78 电动座椅的构造

1—电动座椅 ECU；2—滑动电动机；3—前垂直电动机；4—后垂直电动机；5—电动座椅开关；
6—倾斜电动机；7—头枕电动机；8—腰垫电动机；9—位置传感器（头枕）；10—倾斜电动机和位置传感器；
11—位置传感器（后垂直）；12—腰垫开关；13—位置传感器（前垂直）；14—位置传感器（滑动）

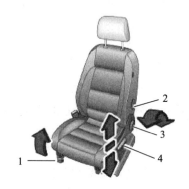

图 7-79 左前座椅调整机构

（2）调整腰部支撑。

上身移离靠背，转动手柄 2，将腰部支撑调至合适程度。

（3）调整靠背角度。

上身移离靠背，拧动手轮 3，将靠背调至合适角度。

（4）调整座椅高度。

自原始位置反复上提或下压手柄 4，座椅将逐级升高或降低。前排座椅上的人员可对腰部靠垫的曲率进行调整，使之与自己脊柱的自然曲线有效贴合。

警告：

①汽车处于停止状态时才可调整驾驶员和前排乘员座椅，汽车行驶时切勿调整驾驶员或前排乘员座椅。

②为降低紧急制动或发生事故时前排乘员的受伤程度，前排乘员座椅切不可向后过度

倾斜。

说明

①座椅调整机构的配置可能因车型不同而不同，某些车型的座椅可能兼具机械及电动调整机构。

②前排乘员座椅调整机构可能不同于驾驶员座椅。

2. 电动座椅调整

关闭点火开关后电动座椅调整机构仍起作用。

1) 调整电动座椅的方法

前排电动座椅调整机构位于座椅侧面，操作相应开关（图7-80），即可按自身体型调整前排座椅、坐垫靠背和腰部支撑。

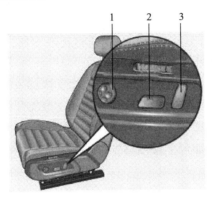

图7-80　电动座椅调整机构

1—腰部支撑调整按钮；2—调整座椅前后位置及坐垫高度和倾斜度按钮；3—调整靠背角度

2) 调整座椅前后位置及坐垫高度和倾斜度

（1）调整座椅前后位置。

沿箭头1（图7-81）的方向按压按钮，即可调整座椅前后位置。

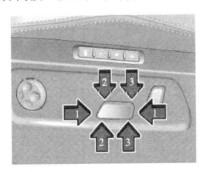

图7-81　调整座椅前后位置及坐垫高度和倾斜度开关

（2）调整整个座椅的高度。

沿箭头2和箭头3（图7-81）的方向按压开关即可分别调整座椅面前后端的高度，同时沿箭头2和箭头3的方向按压开关，可调整整个座椅的高度。

（3）调整座椅靠背。

①沿箭头1的方向按压开关A（图7-82），可使靠背向后倾斜。

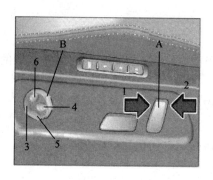

图 7-82 调整靠背及腰部支撑的开关

②沿箭头 2 的方向按压开关 A（图 7-82），可减小靠背向后的倾斜度。

（4）调整腰部支撑。

调整腰部支撑的开关 B 用于上/下和前/后调整腰部支撑，使座椅靠背腰部支撑部位的曲率与乘员脊柱的自然曲线相贴合。

①按压开关 B 的表面 3，即可加大座椅靠背腰部支撑部位的曲率。
②按压开关 B 的表面 4，即可减小座椅靠背腰部支撑部位的曲率。
③按压开关 B 的表面 5，即可下移腰部支撑。
④按压开关 B 的表面 6，即可上移腰部支撑。

模块八

汽车在特殊条件下的使用

1. 汽车在什么样的条件下运行既能省油，又可以延长使用寿命？
2. 想在特殊的条件下自如地使用汽车，我们需要掌握哪些知识？

知识点：

(1) 掌握汽车的运行条件。
(2) 掌握特殊环境对汽车的影响。

技能点：

(1) 能正确驾驶汽车。
(2) 能正确对汽车进行日常维护。
(3) 特殊条件下能正确处理突发事件。

8.1 汽车的运行条件及正确使用

8.1.1 汽车的运行条件

汽车的运行条件是指影响汽车完成运输工作的各类外界条件，主要包括气候条件、道路条件、载荷与速度条件、燃料和润滑条件、驾驶技术和车辆运行的技术条件等。

1. 气候条件

汽车是在各种气候条件下运行和使用的，对汽车影响较大的气候条件主要是环境温度、湿度、风速和太阳辐射热等。

发动机的最佳工作温度维持在80℃～90℃，当环境温度过高或过低会影响到：充气效率，燃料油的蒸发和雾化；润滑油的黏度；点火系统的工作效率；整车传动系统和制动系统的工作效率。

另外，风、雨、雪、雾、气压、太阳辐射热也会影响到驾驶员的工作，进而间接的影响到车辆的使用。所以根据不同的气候条件，需要采取一些相应的措施，正确合理的使用车辆，提高车辆的运输效率。

2. 道路条件

车辆对道路条件的要求是：在充分发挥汽车速度的条件下，保证车辆的安全行驶，并且车辆通过方便，车辆的运行材料消耗最低，零件的损坏最小。

道路条件包括道路的设计、物理构造、安全设施和道路环境。对车辆的影响主要体现在道路等级和道路的养护情况，根据公路的任务、功能和适应的交通量，我国将公路分为高速公路、一级公路、二级公路、三级公路和四级公路。一般情况是，道路等级越高，路面的质量越好。

除了道路条件的影响以外，交通情况也会影响到车辆的运输效率。

3. 载荷与速度条件

1）载质量

汽车的装载质量应按制造厂规定的额定标准装载质量，如果车辆超载，会使车辆发动机及轮胎负荷增大，加剧零部件损坏，缩短车辆的寿命，使车辆的转向、制动等安全性能受到很大影响，极易酿成交通事故。

2）行驶速度

汽车的行驶速度对发动机磨损有很大的影响。当汽车行驶速度过高时，发动机活塞的平均运动速度增大，气缸磨损也随着增大。当汽车低速行驶时，由于润滑条件不良，导致磨损同样加剧。汽车的高速行驶还会造成轮胎发热，影响安全行驶。由于高速行驶时汽车常需要紧急制动，所以对制动器也有很大的影响。

4. 燃料和润滑材料的品质

如果燃料、润滑油和各种工作液质量差或使用不当，汽车会出现早期损坏，同时使用性能下降。

5. 驾驶技术

驾驶员的技术是综合技能的体现，包括操作技能、能及时发现情况并正确判断和采取相应的措施的能力，维护知识、安全知识等综合技能。

6. 车辆运行的技术条件

车辆运行的技术条件包括外观整洁，装备齐全、紧固可靠，各部件完好并具有正常的技术性能。

发动机动力性能良好，运行可靠，燃料消耗正常，无异响，无漏油、水、气、电现象。

底盘各总成连接牢固，无异响，无过热，性能良好，轮胎气压正常。拖挂及安全装备齐全、可靠。转向轻便灵活；制动性能符合规定；车厢或驾驶室无漏雨、灰尘，门窗关闭严密，打开灵活；灯光、信号、仪表及其他电气设备工作正常、可靠。

噪声、无线电干扰及废气排放符合环保要求。

8.1.2 一般运行条件下的正确使用

1. 正确装载

（1）车辆载物：机动车载物，不准超过行驶证上核定的载质量。因为行驶证上核定的装载质量是根据发动机、底盘、轮胎负荷三者中最薄弱部分来确定的。汽车只有在规定的装载负荷下运行，各零部件技术状况才能得到良好的保持和发挥。

（2）装载的均衡牢固：车辆装载一定要均衡平稳，捆扎牢固，否则会影响到车辆的操纵稳定性；也可能在运输过程中丢失货物，也可能危害到其他的道路使用者或损伤道路及设施。

（3）装载物的尺寸：装载物的长、宽、高必须符合限定。如果超过限定，当通过高架桥、立交桥和涵洞时，极易造成货物的损坏和通行受阻，也会给道路的其他使用者造成不必要的危险。

（4）车辆载人：机动车载人，不准超过行驶证上核定的载人数。

2. 合理选择运输路线

合理选择行车路线，包括道路情况、交通情况，不仅可以提高运输效率，减少燃料消耗，同时也可以减少车辆的磨损。

3. 出车前检查

（1）上车前：环顾车辆一圈，查看车身、轮胎、灯光等有无异常，地面是否有泄漏。

（2）上车后：打开点火开关，观察仪表（燃料、气压）有无异常，每周检查一下机油液位（可以顺便检查冷却液液位、制动液液位）；起动发动机，听一下有无异响，查看仪表有没有报警灯点亮。

（3）挂挡起步，踩一脚刹车，检查一下制动系统的工作情况。

4. 行驶中注意事项

（1）坚持行车中观察、合理运用挡位、控制行驶车速、及时添加燃料油、润滑油及工作液。

（2）如果长途运输，汽车行驶一段路程后，应停车进行检查，主要项目包括：

①检视各种仪表工作情况，检查有无漏水、漏油和漏气情况。

②检查轮辋、制动鼓、变速器和差速器的温度，检查转向器、手制动器和离合器的工作是否有效可靠。

③检查汽车轮胎气压，清除双胎间和胎面花纹中的夹杂物。

④检查各连接机件的螺栓、螺母的紧固情况及汽车各部有无异常。

⑤检查装载物是否牢固。

5. 收车后检查

检查是否有泄漏；燃油量；冬季注意防冻；拉紧手制动、关闭门窗、锁好车门。

小建议：带有涡轮增压发动机的车辆的日常维护：

①起动发动机后原地等1 min左右，特别是在冬季，应让其怠速运转一段时间，使涡轮增压装置得到更好的润滑。

②在高转速高负荷跑完长途的情况下停车不要马上熄火，应当停车怠速运转2 min，以降低涡轮与泵轮的温度。

因为涡轮增压装置工作以后，涡轮增压发动机中的涡轮及泵轮经常处于高速、高温下工作，热负荷非常大，需要润滑油和冷却水共同冷却涡轮增压装置。

也有一些车型，例如宝马、装备1.4TSI发动机的大众车系，因为在发动机上安装了电动水泵，关闭点火挡、拔走钥匙，此水泵会工作一段时间，因此，说明书告诉车主不用等。

上述注意事项不仅适用于涡轮增压发动机，也适用于自然进气式发动机。起动后的等待，可以减小冷起动的磨损；熄火前的等待，防止润滑油变质。

8.2 走合期的正确使用

走合期是指新车或刚刚经历大修的车辆。走合期的汽车正处于磨合状态，还无法满足全负荷行驶的需要。在此期间里，零件表面不平的部分被磨去，逐渐形成了比较光滑、耐磨而可靠的工作表面，以承受正常的工作负荷。因此必须谨慎使用，否则将会加剧零部件的损伤。一般都规定在一定的初始里程内，如 1 500～2 000 km 内汽车行驶要严格按规定执行，这段时间称之为汽车的走合期或磨合期。

8.2.1 走合期的特点

汽车在走合期内具有磨损速度快、油耗量高、行驶故障较多、润滑油易变质等几个特点。汽车在走合期内为减少磨损，延长机件的使用寿命，必须遵循的主要规定有：减轻装载质量、限制行车速度、选择优质燃料、润滑材料和正确驾驶等。

8.2.2 走合期的正确使用

汽车走合期的使用正确与否，直接关系到车辆后期的工作可靠性和经济性。使用不正确会使汽车早期损坏或缩短发动机使用寿命。

1. 减轻装载质量

汽车装载质量的大小直接影响机件寿命，装载质量越大，发动机和底盘各部分受力也越大，还会引起润滑条件变坏，影响磨合质量。所以，在走合期内必须适当的减载。各型汽车均有减载的具体规定，一般装载质量不应超过额定载荷的75%，走合期内汽车不允许拖挂或牵引其他机械和车辆。

2. 限制车速

当装载质量一定时，车速越高，发动机和传动机件的负荷也越大。因此在走合期内起步和行驶不允许发动机转速过高。变换挡位时要及时合理，在各个挡位都不要使车速达到极限，各挡位每小时的车速要控制在顶速的 3/4 范围内，以上海桑塔纳轿车为例，新车 1 000 km 范围内变速器各挡不可超过以下速度：1 挡 30 km/h、2 挡 55 km/h、3 挡 80 km/h、4 挡 110 km/h，发动机最大转速要小于 4 200 r/min。当新车行驶到 1 000～1 500 km 时，车速和发动机转速可逐渐提高到最大值，走合期发动机最大转速为 6 300 r/min。

3. 选择优质燃料和润滑材料

为了防止汽车在走合期中产生爆燃，加速机件磨损，应采用优质燃料。另外，由于部分机件配合间隙较小，选用低黏度的优质润滑油使摩擦工作表面得到良好润滑，应按在走合期维护规定及时更换润滑油。

4. 正确驾驶

新车初期的磨合效果很大程度取决于 2 500 km 磨合期内的驾驶方式。

（1）起动发动机时不要猛踏加速踏板，严格控制加速踏板行程，以免发动机起步过快而产生较大的冲击载荷。发动机起动后应低速运转，待水温升到40℃再起步。

（2）为减少传动机件的冲击，行驶时要正确换挡。提速时应尽量慢一些，不要急剧加速。

(3) 要注意选择良好的路面行驶，尽量减少振动和冲击。

(4) 要避免紧急制动、长时间持续制动和使用发动机制动。

8.3 高温条件下的正确使用

8.3.1 高温对汽车性能的影响

在炎热的夏季，由于气温高、雨量多、灰尘大和热辐射强，使发动机技术状况受到一定程度的影响，导致出现发动机温度过高、充气系数下降、燃烧不正常、润滑油变质、磨损加剧、供油系统产生气阻等现象。

8.3.2 高温行车技术措施

为了保障汽车正常运行的需要，在夏季来临以前，应对全车进行一次必要的换季检查与调整。

1. 加强对冷却系统的维护

加强对冷却系统的维护可以确保其散热效能的正常发挥。注意检查冷却系统的密封情况、节温器的灵敏度，应该经常观看仪表中水温表来观察发动机冷却系统工作是否异常，并注意有充足的冷却液，清洁一下散热器和冷凝器表面。

2. 选用高牌号的润滑油

采用黏度高牌号的润滑油并适当缩短换油周期由于夏季气温高，湿度大，发动机机油会吸附一些空气中的水分，机油很容易变质。大多数用户的车辆主要在市区内，行驶距离短，停置时间长。因此在进行发动机机油更换时，不能仅仅根据里程数，还需要根据时间来计算。厂家规定：一般情况下机油更换周期为 6 个月或 5 000 km，在夏季里时间应相应缩短。

3. 选用高沸点的制动液

制动液在高温下也可能产生气阻，应选用沸点较高的制动液。

4. 防止气阻

对于使用中的汽车，防止气阻的主要措施是在原车的基础上改善发动机的散热和通风状况，以及隔开供油系统的受热部分。

5. 行车时轮胎防爆

夏季气温高，轮胎内温度升高，内气压增大，容易爆胎。应严格做到以下几点：

(1) 在运行中应随时注意轮胎的温度和气压，经常检查保持规定的标准气压。

(2) 在中午酷热地区行车时，应适当降低行车速度。

发现轮胎气压过高，应选择荫凉处停息，使胎温自然下降，胎压恢复正常再行驶。切勿用放气或泼冷水的方法降温降压，以免缩短轮胎寿命。遇到涉水情况，必须待胎温降低后进行。

6. 注意车厢内降温

在高温、强烈的阳光、多尘、多雨的条件下长期行车，劳动强度大，驾驶员容易感到疲劳，同时也影响乘客的舒适性。所以应采用相应的措施，如在车室内装设空调设备、加装遮阳板同时应保证驾驶室的通风和防雨。

小经验：（1）清除空调异味。

对于空调异味，有可能是空调滤芯堵塞或是蒸发器表面存有异物，需要进行清洁或更换。一般情况下空调滤芯 20 000 km 就需要更换一次。为了防止异味的产生：当驾驶员快到达目的地时，将 A/C 开关关闭，选择室外循环，让自然风吹进驾驶室。这样可以充分干燥蒸发器表面，使空调风道内不会存有太多湿空气，这样可以防止下次使用空调时出现异味。

（2）快速降低车内温度。

汽车在烈日下停放一段时间后，驾驶室因密闭而导致散热效果减弱，里面的温度甚至超过 50 ℃，可以打开外循环，风量开到最大位置，同时打开所有车窗和天窗。由于热空气的密度较小，当外界的冷空气进入时，驾驶室内的热空气可以从车窗和天窗外散，达到迅速降温的目的。如此持续几分钟后，车内温度会很快降低到人体可以承受的程度，驾驶员可以进入车内，行驶一段路程。由于行驶时，车外空气的流通速度快，气压较小，车内的热空气也会快速地散发出去，达到迅速降温的目的。然后就可以关闭车窗和天窗，调整合理风量或者打开内循环，进入正常的空调使用状态。

（3）防车辆自燃。

①不要将打火机、清新剂甚至摩丝、灭蚊剂等物品放在仪表盘上。这些易燃易爆物品放在仪表盘上，在夏季受太阳光直射，很容易受热膨胀后爆炸引起火灾。

②定期检查汽车的电路和油路。因轿车的线路在使用三四年后常会出现胶皮老化、电线电阻增大而发热的现象，容易出现短路，产生自燃现象。

③改装汽车一定到专业店改装。例如加装防盗器、大功率音响或大瓦数的灯泡、添加空调等，如果这些行为导致原车配置线路负荷过大发热，就会导致电线绝缘层熔化引起短路起火。

④最后，由于车载货物放置不当，造成相互碰撞，产生火花也容易引发自燃。

8.4 低温条件下的正确使用

8.4.1 低温及冰雪条件下的特点

汽车在低温条件下使用的特点是：发动机起动困难、总成磨损严重；燃油、润滑油消耗量增加、橡胶制品强度减弱、行车条件变坏。

1. 发动机起动困难

低温起动困难的主要原因是：发动机润滑油和齿轮润滑油的黏度变大，曲轴转动阻力大；燃料的挥发性能变差，可燃混合气的质量差；蓄电池工作能力低等。

2. 汽车总成磨损严重

在发动机使用周期内 50% 的气缸磨损发生在起动过程，而冬季起动占起动磨损的 60%~70%。主要原因是润滑油比较黏，使得润滑条件变差，同时未蒸发的燃料油也会破坏润滑油油膜增加了磨损。

3. 燃料消耗增加

环境温度和发动机机体温度低，造成了燃料油蒸发困难，当发动机冷却液温度自 80 ℃

降到60℃时耗油量增加的3%；降到40℃时增加约12%；降到30℃增加约25%。

4. 零部件强度减弱、行车条件变坏

汽车上的金属和非金属材料在低温下都会发生强度下降、变脆，因此，在起步后的最初几公里，需要低速行驶，谨慎慢行。

8.4.2 低温行车技术措施

1. 使用冬季润滑油

为了在冬季低温时仍然能够保证发动机的充分润滑，应合理使用润滑油，润滑油质量是影响发动机可靠性及使用寿命的关键因素。轿车出厂时，发动机内已加好优质多标号润滑油。例如捷达用油为 API SJ \ CF SAE 5W－40 机油。建议冬天时使用5W级别的发动机油。

2. 使用长效冷却液

长效冷却液也称为防冻液，可全年使用。冬季保养，首先要检查的就是发动机防冻液的冰点。根据当地可预测的最低气温，调整冷却液的冰点温度，保证冰点至少低于当地历史最低气温5℃。若在冬季低温条件下，需提高冷却液防冻能力，可适当提高添加剂的比例，但冷却液浓度切不可超过60%（防冻能力达－40℃），否则反而会降低防冻能力，削弱冷却效果。

3. 燃油系统的保养

彻底清洁燃油系统：进入冬季前，应对燃油系统做一次彻底清洁。燃油系统的保养应包括：清洗并检查燃油泵的工作性能，彻底清洗所有滤网，清洗或更换燃油滤芯，清洗油箱等。

4. 注意蓄电池的维护

由于环境温度降低导致蓄电池内部化学反应速度降低，另外内阻增加，电解液黏度增加，致使工作能力降低。保证起动可靠，延长蓄电池寿命。

检查蓄电池存电情况，必要时充电。同时清洁蓄电池接线柱，并涂上专用油脂加以保护。如果有条件，还可以用专用检测仪检查蓄电池的性能，并分析其老化程度，从而对性能残值低的及时进行更换，防止造成无法起动的隐患。

轿车在冬季停放数周不用，应拆下蓄电池，存放在无霜冻的房间内，以防蓄电池结冰损坏。

5. 冬季要在车窗清洗液中添加防冻剂

冰点低的玻璃水会冻坏储液罐和喷水电动机，没有喷水器的玻璃刮水器也无法发挥出其全部效能，为视线不清的雪天行车埋下隐患。但任何情况下，清洗液中切勿加入冷却液防冻剂或其他添加剂。

6. 定期保养密封条

应定期用橡胶保护剂擦拭车门、车窗及行李舱密封条，保持其柔韧性，延长使用寿命，防止在冬季变硬。

7. 检查变速器油

冬季来临前，请检查一下变速器油，在经过多雨的夏、秋两季，若变速器内有少许进水，可能当时没有发现，但在冬季的低温环境下，若变速器油内微结冰，将加剧变速器内部的齿轮与轴的磨损。

8. 冬季轮胎维护

在冬季严寒的情况下（-30℃～-40℃），轮胎橡胶变脆，受冲击易损坏，因此，在冬季行车时，为提高轮胎的强度应在汽车起步后的前几分钟低速行驶，要慢起步和缓缓越过障碍物。

冬季途中停车时间较长，轮胎遇冷变形，再行驶时，呈椭圆状，所以行驶初期必须缓慢行驶。

9. 空调系统冬季维护

在冬季不使用空调的季节，由于系统不运转，运转部件得不到润滑，时间长了容易造成压缩机咬死泄漏，所以在冬季不使用空调，也必须每星期让空调运转一次，每次运转 5～10 min（若冬天制冷系统起动不起来时，可直接对压缩机离合器线圈通电进行运转），以保障系统的可靠性。

小经验：

1）冰雪路上的制动及行驶

①尽可能用点刹方式踩制动踏板。

在冰雪路上制动时，急刹车会导致汽车侧滑，应轻轻而且反复（多次）地踩下制动踏板。

②中速行驶。

在冰雪路上行驶，不要提高车速，应充分考虑安全。如果路上有冰雪，应尽量避免在上坡路停车，因为重新起步比较困难甚至导致侧滑。

装有 ABS 系统的车，不要误认为任何情况下，ABS 均能缩短制动距离，在某些情况下，如碎石路和刚下过雪的光滑路面上行驶时，制动距离可能更长。

2）冬季汽车的停放

较长时间停放汽车时，不要拉手刹制动。气温过低或积雪过厚，有时会冻结手刹制动操纵机构或车轮制动器，因此，长时间停放汽车时，不要拉手制动（坡路除外），应用掩车木或石块掩住车轮。

3）冬季无暖库汽车的起动（手动挡）

踩下离合器踏板起动。冬季气温低，发动机不易起动，为减少发动机起动阻力，应先踩下离合器踏板，然后使发动机起动，待发动机起动后，缓慢放松离合器踏板。这样的起动方法实际上是免除变速箱空挡常啮齿轮的传动阻力。

4）冬天洗车

冬季清洗车辆时注意，切勿把水溅到发动机前端轮系上。冬天洗车后车锁容易被冻住，如果出现以上的这种情况，建议用打火机把钥匙烤一下。

然后插入锁芯一会儿，等锁芯解冻后就好开了。洗车后应打开窗户擦干周围，防止门缝处残水结冰，冻住车门。车窗被冻住时不要强行开关，电窗尤其要注意，待冰自然融化后再使用。

5）清除风窗上的雾

冬季开车，由于车内车外温差较大，很容易在车窗上形成一层雾。如果不能及时除雾，很有可能因为影响视线而造成交通事故。

（1）前挡风玻璃除雾：通常人们会用热风来除雾，其实正确的做法应该是用冷气对着前挡风玻璃吹，以此来缩小玻璃内外的温差，更快地达到除雾的效果。

（2）车窗玻璃除雾：可以将其调整到向两边车窗送风的角度，同样是使用冷风。

（3）后车窗除雾：可以使用车内的后车窗除雾加热装置。

6）轮胎防滑链的使用

①防滑链不仅能改善制动效能，还能提高车轮附着力。

②防滑链只能装在前轮（驱动轮）上。

③只允许使用节长不超过 15 mm 的细扣链条（包括张紧装置）。

④一旦路面无冰雪，必须立刻拆除防滑链，否则影响操纵稳定性，损坏轮胎，加剧轮胎磨损。

⑤安装防滑链后，轿车的最高允许车速为 50 km/h。

8.5 雨天及潮湿条件下的正确使用

8.5.1 雨天及潮湿条件下对汽车性能的影响

由于雨水中多带有一些酸性的物质，同时可能会给汽车带来一些问题，也会给驾驶车辆带来些麻烦。

（1）能见度低，视线不清。

雨中行车，驾驶员视线受阻，视距变短；由于湿度大，挡风玻璃还会起雾。道路的其他使用者（车辆、行人）同样会视线不清，如果不注意行车，会带来一定的交通隐患。

（2）路面积水。

路面积水，会造成车辆侧滑、跑偏、制动距离变长，较深的积水，还会使车辆进水。

8.5.2 雨天及潮湿条件下的正确使用

1. 雨季来临前的维护

注意检查雨刷器的各个开关，挡位的使用状况，同时要注意检查雨刷片；另外要注意清洁雨刷下部前风挡下部的流水槽及排水孔，如果排水孔被树叶或泥土堵住，当积水过多时，很容易进入车内，会导致电控系统故障或损坏。因此要及时疏通排水孔，以免造成积水。

2. 雨中行车减速慢行

（1）由于下雨天视线不好，并且路面湿滑，一定要减速慢行，注意观察路面情况。

（2）在转弯时，要早转、慢转方向盘，防止猛转方向盘造成侧滑甚至甩尾。

（3）制动时，为防止侧滑，严禁急刹车，会车时应根据路况加大侧向间距。如果汽车装有 ABS 或 ESP 电子系统，那么就会增加雨中行车的安全系数。

（4）雨大时即使在白天也要开灯，要将雨刷调到最快，还应特别防止旁边的车溅起的水花，尤其在超越大卡车时它溅起的水花会让驾驶员在几秒钟内根本看不清方向，这样很容易导致交通事故。所以尽量不要超车，以防发生危险。

（5）夜间下雨行车时，为防止开前大灯而形成炫目的光幕，应关闭大灯使用雾灯，同时车速应进一步降低。

3. 注意选择路线

下雨天，路基容易松动，尤其是靠边的路基极易坍塌，所以尽量选择中心路基行驶，通过低等级的桥梁时要先下车观察，有把握才能通过。

4. 涉水驾驶

在行车时尽量避开路面积水处，无法避开时一定要注意观察水的深度，如果觉得水的深度可以通过时，应该挂低挡缓慢驶入水中，行车中应稳住方向盘，与前车保持较大的车距，中间不能换挡和停车，防止水中熄火。如果不小心在水中熄火，千万不要起动发动机，防止水直接通过进气道进入发动机内部，导致连杆变弯，发动机损坏。

5. 雨后维护

（1）注意底盘的清洁，防止车辆轮腔侧和底盘部位有污泥积存，造成生锈；防止车轮轴承损坏，防止出现刹车片与刹车盘咬死的现象。在雨天停车时应先半踩刹车数分钟，使刹车盘摩擦生热，将水分挥发掉，防止底盘上的零件生锈。

（2）注意刹车系统的保养，因刹车油容易和水融合，如果有水分进入制动液，在制动的过程中，摩擦产生的高温会使水气化。而气体具有可压缩性，在制动液中被压缩，就会造成制动失灵甚至失效。因此在连续雨天过后要注意刹车系统的油液检查和刹车系统的放气处理。

（3）雨季蓄电池极柱也非常容易被腐蚀造成接触不良，当腐蚀发生后用砂纸打磨可除去腐蚀物，再涂上黄油即可防止腐蚀的发生。

6. 空调去湿

下雨天过后，车内比较潮湿，车内湿度加大往往会造成一些电子设备的运行异常，除了天晴时打开车门让车子晒太阳以外，开冷气或者放干燥剂也是极好的防潮方法。

小经验：（1）泥坑自救

如果不慎前车轮陷入泥坑，则需要用小铲子铲开泥坑的边缘，或者使用自备极端泥泞路面垫胎用的铁丝网铺设，修造出一个小小的坡路，然后缓缓加油通过，此时急加油导致的结果只能是泥坑越来越深。如果坑比较深，也可以利用路边的平整石块、树枝或者蒿草类植物加垫。

如果车上有同伴，可以让其协助推车，但需注意不要让人站在两只后轮的后方推车，以防止被车轮带出的泥块和石头击伤。

（2）打滑应急处理

前轮转向不足打滑以及后轮侧滑转向过度这两种情况，都会造成车体后部不能及时摆正行驶路面方向，此时手动挡车应该急速踏下离合器、自动挡车推入N挡，让前轮尽可能转向正常行驶方向以增加外侧轮胎的牵引力，使得车身得到正常控制后继续驾驶。如果发生后轮侧滑而导致转向过度，应该严格按照以下步骤操作：

①松开油门踏板。

②迅速踩下离合器踏板或者将自动挡位推入N挡。

③后轮因侧滑而使得车尾向前甩，可将方向盘转至侧滑的一侧方向以制止车尾甩动惯性力，这样可以缓解转向过度；方向盘的转动应该与车尾侧滑的方向相同，车尾向左甩出，方向盘则向左打，这样的操作需要注意的是，一旦摆脱了过度转向，方向盘应该迅速回正。

④车辆必须是在得到完全正常操作控制或者停下后，才可以继续缓加速行驶。

8.6 高原和山区条件下的正确使用

8.6.1 高原和山区条件下对汽车性能的影响

山区和高原由于海拔高、气压低和空气稀薄，造成汽车行驶时发动机充气量减小，发动机冷却液和制动液沸点降低，汽车动力性与经济性下降，行驶不安全，经常发生故障。

汽车在山区行驶时，经常会遇到上坡、下坡、路窄、弯多等情况，汽车需要经常制动减速，致使摩擦片和制动鼓以及摩擦块与制动盘经常处于发热状态，特别是下长坡时，制动鼓、摩擦片及制动盘温度急剧升高。在这种情况下，摩擦片和制动块的摩擦系数急剧下降，严重时可能出现制动失效。

由于使用制动频繁，制动器因摩擦而生热，使制动系统温度升高。由于制动液沸点降低，容易产生气阻，引起制动失灵。

8.6.2 高原和山区条件下的正确使用

1. 采用辅助制动器

常用的辅助制动器有电涡流和发动机排气制动两种，电涡流辅助制动器由于体积较大，结构复杂，多用于山区或矿用的重型汽车上。发动机排气制动结构简单、使用方便，它是在普通发动机制动的基础上，在发动机排气管内加装一个片状阀门，如果将阀门关闭，发动机的排气阻力会增大。

2. 采用高沸点的制动液

由于高原或山区气压低，使制动液沸点降低，所以要使用高沸点的制动液，以防止制动过程中由于沸点降低产生气阻而导致制动失效。

3. 采用耐高温的制动器

采用耐高温的制动器可以保证汽车在下长坡时长时间制动过程中制动效能不会下降。在下长坡时，也可以途中停车休息，待其降温后，再继续行驶，以保证制动性能良好。

4. 改善灯光确保夜间行车安全

保证灯光的亮度，尤其是远光灯以及照射高度正确。

5. 缩短维护周期

汽车在高原和山区使用时，因换挡、制动和转弯次数多，道路崎岖不平，底盘的负荷大，轮胎磨损剧烈，所以维护周期应适当缩短。对液压制动的车辆则应检查总泵的液面高度，并按规定加足。

小经验：雾天行车技巧

（1）控制车速加大车距

行车中驾驶员应打开防雾灯及示宽灯，严格根据能见度控制车速，适时鸣喇叭，以引起行人和车辆注意，车辆之间及行人之间都要保持充分的安全距离，以免发生碰撞和刮擦。雾天严禁超越正在行驶的车辆。发现前方车辆靠右边行驶时，不可盲目绕行，要考虑到此车是否在避让对面来车。

当能见度在 500～200 m 时，必须开启防炫目近光灯、示宽灯和尾灯，时速不得超过

80 km/h，行车间距应保持在 150 m 以上；能见度在 200~100 m 时，必须打开雾灯和防炫目近光灯、示宽灯和尾灯，时速不超过 60 km/h，行车间距保持在 100 m 以上；能见度在 100~50 m 时，时速不能超过 40 km/h，行车间距保持 50 m 以上；能见度在 30 m 以内时，车速不得超过 20 km/h。

密切注意路面及地理环境，尤其是通过村庄、路口、车站及行驶于山路转弯处时，应仔细观察周围情况，做好避让停车的准备。

（2）不要急刹车

在雾区行车时，最好不要猛踩油门，更不能紧急制动和急打方向盘。如果认为确需降低车速时，先缓缓放松油门，然后连续几次轻轻踩刹车，达到控制车速的目的，以防止追尾事故的发生。行驶时要打开雾灯、尾灯、示宽灯和近光灯，充分利用灯光提高能见度。

（3）等视线恢复再行车

因大雾滞留在高速公路服务区、出入口的车辆，驾驶员一定要等到视线完全恢复后再行车。遇到浓雾突然降临，来不及进入就近的服务区时，应尽快把车停靠在高速公路硬路肩上，打开雾灯、示宽灯和尾灯，等到视线恢复到一定程度时，尽快离开路肩或根据实际情况到服务区找安全地带停靠。

（4）事故要警示，人员莫停留。若车辆在雾区发生故障或事故，驾驶员在打开警告灯并在后方 150 m 外设置危险警告标志牌后，应立即将车上人员撤离至护栏外，同时立即报警，千万不要留在车内或在车道上行走，以免发生严重后果。

附录一
捷达常规保养项目

7 500 km	每12个月或 15 000 km	每24个月或 30 000 km	保养项目
●	●	●	查询自诊断系统故障存储器
	●	●	检查安全带及安全气囊罩壳是否损坏
●	●	●	检查车内所有开关、用电器、仪表各警报指示灯及车外所有灯光的工作状况
	●	●	检查大灯光束,必要时,调整大灯光束
●	●	●	检查风窗刮水器及清洗器功能,必要时,调整喷嘴
	●	●	检查调整手动制动器
●	●	●	润滑车门限位条
●	●	●	润滑发动机罩铰链及锁舌
●	●	●	检查流水槽内是否有树叶等杂物,如有则清除,同时疏通排水孔
	●	●	检查转向助力机构液压油油位,必要时,添加液压油
●	●	●	检查制动液液位,必要时添加制动液
●	●	●	检查冷却液液面高度及浓度,必要时,添加冷却液或调整浓度
●	●	●	检查风窗清洗液液面高度,必要时添加清洗液
●	●	●	排掉燃油滤清器内的水(柴油发动机)
●	●	●	检查蓄电池固定情况,电解液液面(非免维护蓄电池),必要时添加蒸馏水;检查蓄电池固定情况,电眼颜色(免维护蓄电池,无电眼检查电压)
	●	●	清洗空气滤清器壳体,必要时,更换滤芯
		●	更换空气滤清器滤芯
	●	●	检查空调新鲜空气滤清器,必要时更换滤芯
		●	更换火花塞
	●	●	检查正时齿带状态及张紧度

续表

7 500 km	每12个月或 15 000 km	每24个月或 30 000 km	保养项目
	●	●	检查多楔皮带的状态,必要时更换皮带
●	●	●	检查V形皮带张紧度及皮带是否损坏,必要时调整张紧度或更换皮带
		●	更换V形皮带
●	●	●	检查发动机润滑系统、冷却系统、燃油系统,空调、制动和转向系统(助力转向)有无泄漏或损坏
●	●	●	更换发动机机油及机油滤清器
●	●	●	目测检查变速箱,主减速器及等速万向节防护套有无泄漏或损坏
●	●	●	检查转向横拉杆球头的间隙,紧固程度及防尘套状况
●	●	●	检查手动变速箱内的齿轮油油位,必要时,添加或更换齿轮油
	●	●	检查自动变速箱润滑油(ATF)油位,必要时,添加润滑油(ATF)
		●	更换燃油滤清器
	●	●	检查排气系统是否有泄漏或损坏
●	●	●	检查制动摩擦衬块厚度
	●	●	检查所有轮胎(包括备胎)的花纹深度及磨损形态,消除轮胎上的异物
	●	●	进行轮胎换位,按要求检查轮胎气压,必要时校正,检查车轮螺栓拧紧力矩
●		●	试车:检查脚、手制动器,变速箱,离合器,转向及空调等功能,查询故障存储器,终检
注意			每60 000 km更换5 V机正时皮带及皮带张紧器; 每80 000 km更换2 V机正时皮带; 每90 000 km更换柴油机正时皮带,检查张紧器必要时更换 每60 000 km更换一次自动变速箱润滑油(ATF) 每2年更换制动液 每7 500 km对柴油滤清器进行排水

附录二
迈腾常规保养项目

5 000 km 首次保养	每12个月或 10 000 km	保养项目
●	●	查询自诊断系统故障存储器
●	●	目测检查发动机及机舱内零部件是否有泄漏或损坏
●	●	检查蓄电池固定情况，电眼颜色（免维护蓄电池，无电眼检查电压）
●	●	检查制动液液位，必要时添加制动液
●	●	检查风窗洗液液位，必要时添加
●	●	检查冷却液液面高度及浓度，必要时，添加冷却液或调整浓度
●	●	更换发动机机油及机油滤清器
●	●	检查制动摩擦衬块厚度
●	●	检查所有轮胎（包括备胎）的花纹深度及磨损形态，消除轮胎上的异物
●	●	目测检查车身底部防护层和底饰板是否破损
●	●	目测检查制动系统是否有泄漏和损坏
●	●	目测检查变速箱，主减速器及等速万向节防护套有无泄漏或损坏（从下面）
●	●	检查转向横拉杆球头的间隙，紧固程度及防尘套状况
●	●	检查喷油嘴状态，必要时采取相应维修保养措施
●	●	进行轮胎换位，按要求检查轮胎气压，必要时校正，检查车轮螺栓拧紧力矩
●	●	润滑车门止动器
●	●	加注燃油添加剂 G17（备件号：G 001 700 03）
●	●	保养周期指示器复位
●	●	试车：检查脚、手制动器，变速箱，离合器，转向及空调等功能，查询故障存储器，终检
●	●	检查安全气囊和安全带状态及安全气囊罩壳是否损坏

续表

5 000 km 首次保养	每12个月或 10 000 km	保养项目
•		检查车内所有开关、车内照明、用电器、显示器和仪表各警报指示灯的功能
•		检查滑动天窗功能、清洗导轨并用专用润滑脂润滑
•		检查大灯光束，如必要，调整大灯光束
•		检查风窗刮水器、清洗器及大灯清洗装置功能，如必要，调整喷嘴
•		检查火花塞状态，必要时采取相应维修保养措施
•		清洗空气滤清器壳体，检查滤芯状态，必要时采取相应维修保养措施
•		检查排气系统是否有泄漏或损坏及紧固程度
•		检查DSG-6挡直接换挡变速箱齿轮油油位，必要时，添加DSG变速箱齿轮油
•		检查排气系统是否有泄漏或损坏及紧固程度
•		检查大灯光束，必要时，调整大灯光束
		更换火花塞（首次20 000 km或2年，之后每20 000 km或每2年）
		更换空气滤清器滤芯，清洗壳体（首次20 000 km或2年，之后每20 000 km或2年）
		粉尘及花粉过滤器：清洗外壳，更换滤芯（首次30 000 km或2年，之后每30 000 km或每2年）
		检查多楔皮带的状态（首次30 000 km或2年，之后每30 000 km或每2年），必要时更换
		更换燃油滤清器（首次60 000 km或4年，之后每60 000 km或每4年）
		更换DSG-6挡直接换挡变速箱齿轮油和滤清器（首次60 000 km或4年，之后每60 000 km或每4年）
		检查主减速器机油油位，如必要，添加机油，仅限于全轮驱动（4MOTION）（首次60 000 km或4年，之后每60 000 km或每4年）
		更换轮胎压力传感器（首次60 000 km或4年，之后每60 000 km或每4年）
		对带气体放电灯泡的大灯（氙灯）的进行基本设置（首次60 000 km或4年，之后每60 000 km或每4年）
		更换制动液（每24个月）

注意：本项目单的保养内容是根据汽车正常行驶情况下制定的，对于经常在恶劣条件下使用的车辆，某些保养内容需在两次保养间隔之间提前进行。特别是经常停车/起动及经常在低温条件下使用的车辆，应经常检查机油油位，并定期更换机油。经常在高尘环境或地区使用的车辆应增加清洗壳体及更换空气滤清器滤芯的频次

参 考 文 献

[1] D·威德尔. 汽车发动机构造与诊断维修［M］. 北京：机械工业出版社，2006.

[2] 蔡兴旺. 汽车概论［M］. 北京：机械工业出版社，2005.

[3] 俞志生. 汽车理论［M］. 北京：机械工业出版社，1998.

[4] 李春明，焦传君. 汽车构造［M］. 北京：北京理工大学出版社，2015.

[5] 邵恩坡. 汽车自动变速器的使用与维修［M］. 北京：中国电力出版社，2004.

[6] 张永杰. 汽车运用基础［M］. 北京：电子工业出版社，2008.

[7] 戴汝泉. 汽车运行材料［M］. 北京：机械工业出版，2005.

[8] 边伟. 汽车使用与技术管理［M］. 西安：西安电子科技大学出版社，2007.

[9] Tom Birch，Chuck Rockwood，刘锐. 汽车自动变速器与驱动桥［M］. 北京：中国劳动社会保障出版社，2007.

[10] James D. Halderman，Chase D. Mitchell. Jr，郭海龙. 汽车手动与自动变速器及驱动桥系统维修［M］. 北京：中国劳动社会保障出版社，2007.

[11] Jack Erjavec，胡勇. 汽车概论［M］. 北京：北京理工大学出版社，2010.

[12] 刘艳莉. 汽车构造与使用［M］. 北京：人民邮电出版社，2015.

[13] 韩东. 汽车传动系统检修［M］. 北京：北京理工大学出版社，2015.

[14] 焦传君. 汽车行驶与操纵系统检修［M］. 北京：北京理工大学出版社，2015.

[15] 黄俊平. 汽车性能与使用［M］. 北京：高等教育出版社，2006.

[16] 陈新亚. 如此用车最聪明［M］. 北京：机械工业出版社，2009.